Recettes & Menus

MONTIGNAC

Tome 2

ISBN : 2-08-200979-3

Recettes & Menus
MONTIGNAC

Tome 2

Flammarion

SOMMAIRE

INTRODUCTION

Il aura fallu un demi-siècle pour que nos contemporains redécouvrent l'un des principes fondamentaux de notre existence : la nécessité d'avoir une alimentation saine. Tous ceux qui s'occupent d'animaux, les éleveurs autant que les vétérinaires, savent que la survie, la croissance et la bonne santé d'un animal passent par un mode alimentaire et une qualité nutritionnelle spécifique. L'épidémie dite de la « vache folle » est dramatiquement venue rappeler à l'ordre les apprentis sorciers qui avaient pris de dangereuses libertés avec la déontologie de leur profession.

Depuis l'avènement, au milieu du XXe siècle, d'une médecine allopathique beaucoup plus centrée sur le traitement des symptômes de la maladie que sur sa cause, les hommes ont progressivement perdu l'idée que leur alimentation pouvait avoir un autre rôle à jouer que celui qui consiste à apaiser la faim ou se faire plaisir. C'est pourquoi leurs choix se sont progressivement orientés vers des aliments industriels standardisés et préélaborés, essentiellement pratiques.

La généralisation du travail des femmes a par ailleurs considérablement réduit le temps consacré à la préparation des repas familiaux. De surcroît, le savoir-faire culinaire, transmis autrefois de mère en fille, est petit à petit tombé dans les oubliettes de la tradition. Dans un pays comme les États-Unis, miroir grossissant de nos mauvaises habitudes alimentaires, il est même devenu dégradant pour une femme de passer du temps à cuisiner. Seules celles qui n'auraient pas réussi à s'émanciper seraient toujours esclaves de leurs fourneaux.

Cette époque est, Dieu merci, de plus en plus révolue. D'abord parce que depuis une dizaine d'années la néodiététique s'est efforcée de montrer que le contenu énergétique de l'aliment n'a qu'une importance toute relative et que le facteur prépondérant est plutôt son contenu nutritionnel en termes de nutriments (vitamines, sels minéraux, oligoéléments, fibres, acides gras essentiels...). C'est en effet lui qui est le facteur déterminant dans la prévention du risque de maladie. Ensuite parce que l'on a compris que la nourriture issue d'un processus agroalimentaire industriel risque d'être appauvrie sur le plan nutritionnel. Et puis aussi, il faut reconnaître que les mentalités ont évolué vers un retour à certaines valeurs traditionnelles. C'est la redécouverte du plaisir de cuisiner, qui va de pair avec le désir de manger des aliments plus naturels.

En préparant le plus souvent possible ses repas à partir de produits frais et de principes culinaires élémentaires, nos contemporains vont pouvoir faire d'une pierre trois coups : manger plus sain au bénéfice de leur santé (et de celle des leurs), se faire plaisir comme faire plaisir à leur entourage immédiat en concoctant des plats hauts en saveurs, et enfin contribuer à redécouvrir un art qui est l'un des fondements de notre civilisation : la cuisine.

La cuisine, c'est comme l'amour ! On a tout dit d'elle et pourtant tout reste à dire tant le sujet est vaste et inépuisable. C'est d'ailleurs le propre de toutes les disciplines artistiques, car la cuisine est bien un art à part entière. Comme en musique ou en peinture, l'art culinaire a ses virtuoses, que les étoiles du guide Michelin ont largement consacrés. Ils sont là pour nous faire rêver, saliver et peuvent même ravir à merveille nos papilles et combler nos plus grands espoirs gustatifs, si nous en avons les moyens financiers. Aller dîner chez Bernard Loiseau relève de la même démarche que d'aller écouter Pavarotti à l'Opéra : la recherche d'une satisfaction suprême de nos sens. Car la grande cuisine n'a rien à envier à la grande musique. Il n'y a que la nature du « piano »qui diffère. La peinture se décline à l'infini à partir d'une palette de couleurs, la musique à partir d'une gamme de sons. La cuisine, elle, s'articule autour d'une palette de saveurs et d'une gamme presque infinie de produits. Elle va ainsi pouvoir donner lieu à de multiples variations en fonction des choix qui seront faits.

C'est pourquoi il n'y a pas *une* cuisine, mais *des* cuisines. La cuisine japonaise ou chinoise, de même que les cuisines italienne, espagnole, grecque ou mexicaine, si elles sont bien orchestrées, n'ont jamais démérité par rapport à la noble cuisine française, même si elles manquent parfois à nos yeux de relief et souvent de raffinement. Ce qui fait en réalité la différence entre la cuisine française et les autres, c'est son amplitude gastronomique.

Et, de la même manière qu'il faut être initié pour aimer l'opéra, il faut avoir été éduqué pour apprécier la gastronomie, la vraie, la grande. Cette initiation fait en France partie de la culture. C'est pourquoi en chaque Français sommeille un gastronome. Certains restent endormis toute leur vie, ce qui est bien regrettable. D'autres ouvrent un œil de temps en temps, au fur et à mesure des opportunités qui leur sont offertes. Mais tous se réveillent complètement dès lors qu'ils décident un jour de passer aux fourneaux. C'est en « gastronomant » que l'on devient gastronome et c'est en cuisinant que l'on devient cuisinier ! Marc Meneau, comme Marc Vérat, ont même réussi à se hisser sur le podium des trois étoiles Michelin alors qu'ils étaient des autodidactes de la cuisine.

Mais, comme tous les arts, la cuisine procède au départ d'une technique, c'est-à-dire de principes de base qui en constituent les fondements. C'est à partir de là que l'on construit et que l'on pourra éventuellement un jour s'essayer à improviser. Comme dans toute discipline, la réussite passe par un principe incontournable : la rigueur. Même à votre niveau, il faut vous efforcer d'être perfectionniste. Perfectionniste et exigeant dans le choix qualitatif des ingrédients : mieux vaut par exemple cuisiner un poisson surgelé qu'un poisson à la fraîcheur douteuse. Perfectionniste dans la préparation : rien n'est plus désagréable que de trouver des arêtes dans un filet de poisson ou du sable dans la salade. Perfectionniste dans les assaisonnements : un plat ne doit être ni trop, ni pas assez assaisonné, mais juste ce qu'il faut. C'est pourquoi il convient, à l'instar de tous les grands chefs, de constamment goûter quand on cuisine. Perfectionniste en s'efforçant de servir des plats chauds. Cela relève seulement d'un problème d'organisation, mais aussi d'une certaine politesse à l'égard de ses convives. Perfectionniste en exigeant de soi (ou éventuellement de son entourage) d'avoir à sa disposition un minimum d'ustensiles indispensables et des instruments en bon état. Un bon ouvrier ne peut jamais travailler s'il n'a pas de bons outils. On n'a jamais fait jouer un pianiste sur un instrument désaccordé. Perfectionniste, enfin, parce que c'est le seul moyen de progresser et d'atteindre des niveaux de satisfaction élevés.

Car cuisiner, c'est d'abord se faire plaisir et, par la même occasion, faire plaisir aux autres.

PREMIÈRE PARTIE

LES PRINCIPES DE CE LIVRE

Ce livre a été construit en respectant quatre séries de principes : alimentaires, sanitaires, culinaires et gastronomiques.

Tout d'abord, les recettes qu'il propose sont conformes à la méthode Montignac. Pour ceux qui ne le sauraient pas encore, cette méthode n'est pas un régime, mais une véritable philosophie alimentaire. Elle propose un recentrage des habitudes alimentaires à partir de choix qui seront faits sur des critères nutritionnels. Il a été en effet démontré que plus les aliments sont riches sur le plan nutritionnel, plus ils génèrent des processus métaboliques induisant une meilleure santé et une prévention de la prise de poids. (Voir *La Méthode Montignac*, chez le même éditeur.)

Ainsi, aucune recette présentée ici ne comporte de mauvais glucides (sucre, farines blanches, pommes de terre, maïs, riz blanc incollable…). D'autre part, nous proposons différentes techniques pour lier les sauces. Enfin, de nombreuses possibilités sont suggérées pour remplacer les sempiternelles pâtes, pommes de terre, riz, trop présents dans le paysage alimentaire habituel, alors que nous avons à notre disposition d'excellents autres féculents (lentilles, haricots, pois...) et une gamme de légumes si variée qu'elle est capable de satisfaire tous les goûts.

La majorité des recettes de ce livre est par ailleurs d'inspiration provençale, ou plus généralement méditerranéenne. D'abord parce que j'ai toujours été par goût personnel un adepte de cette cuisine ensoleillée ; je la pratique depuis toujours et la recommandais déjà en 1986 dans mes premiers livres. Ensuite parce que le fait d'habiter depuis quelques années le sud-est de la France m'a permis d'aller plus loin encore dans mes expérimentations en en faisant mon ordinaire quotidien. Et puis surtout parce qu'il est désormais reconnu officiellement par toutes les instances sanitaires internationales que le mode alimentaire méditerranéen est le meilleur du monde, celui qui permet notamment la plus efficace prévention du risque cardio-vasculaire et qui assure une espérance de vie optimale.

Certaines options culinaires sont par ailleurs délibérément proposées dans ce livre. Certaines pourront, sinon surprendre, du moins faire grincer quelques dents (ou peut-être plus encore déclencher quelques haussements d'épaules) parmi les cuisiniers traditionnels.

LES MATIÈRES GRASSES ET LEUR SUBSTITUT

• La première de ces options consiste à **bannir à jamais le beurre** de toute cuisson.

Tous les livres de recettes sans exception (ceux des grands chefs comme ceux de cuisiniers et cuisinières moins connus mais aussi méritants eu égard à leur talent culinaire et pédagogique) proposent le beurre comme graisse de cuisson. Même dans les grands classiques de la cuisine provençale, on retrouve paradoxalement le beurre dans un grand nombre de recettes.

Cette pratique trouve son origine dans le fait que le beurre était autrefois un produit rare et cher, donc noble. La cuisine au beurre était ainsi le privilège des riches (aristocrates puis bourgeois) et fut par conséquent largement développée par les cuisiniers à leur service. La tradition gastronomique française est donc essentiellement fondée sur une cuisine au beurre. Lorsque l'on visite les cuisines d'un grand restaurant, on ne manque pas de remarquer, trônant près du fourneau, un grand bac d'un liquide huileux conservé au bain-marie : le beurre clarifié (les cuisiniers « éclaircissent » le beurre pour n'en garder que les graisses, et surtout pour le débarrasser de ses « impuretés », à l'origine notamment de sa couleur jaune et de sa coloration foncée en cas d'élévation de température au-delà de 120 °C). C'est ce beurre qui va servir pour toutes les cuissons et la préparation d'un grand nombre de sauces.

Or, il faut savoir que si le beurre peut être considéré comme un aliment bénéfique sur le plan nutritionnel (à raison de 10 à 25 g par jour) quand il est consommé cru, ou seulement fondu, cela n'est plus du tout le cas dès lors qu'il fait l'objet d'une cuisson. Le beurre est essentiellement formé de graisses saturées, composées d'acides gras à « chaîne courte » qui ont l'avantage d'être vite dégradés par les enzymes de l'intestin grêle. C'est pourquoi l'on digère sans problème le beurre frais, celui que l'on a étendu sur une tartine par exemple. Mais, autour de 100 °C, ces fameux acides gras à chaîne courte sont tout simplement détruits. Le beurre cuit devient alors « indigeste », puisque plus difficilement dégradable par les enzymes digestives, nocif. Il constitue ainsi un facteur de risque potentiel supplémentaire sur le plan de la santé. À partir de 120 °C, le beurre se dénature complètement et noircit. Il se forme de l'acroléine, reconnue comme une substance cancérigène.

Or, dès que l'on met une noix de beurre dans une cocotte ou une poêle (pour l'exécution d'une recette traditionnelle), la température monte régulièrement à 160 ou 180 °C, ce qui est évidemment nocif pour la santé du consommateur.

NB

C'est pourquoi la graisse que je recommande pour toutes les cuissons au-delà de 100 °C est la graisse d'oie (ou de canard).

La graisse d'oie a trois avantages. D'abord, c'est une graisse principalement mono-insaturée. C'est en réalité de l'acide oléique, c'est-à-dire qu'elle a la même structure chimique que l'huile d'olive, dont les vertus pour la santé ne sont plus à démontrer. Ensuite, la graisse d'oie a l'avantage sur toutes les autres graisses de supporter de hautes températures (plus de 200 °C), tout en conservant intacte sa structure moléculaire. Elle restera donc digeste et bénéfique sur le plan cardio-vasculaire même une fois cuite. Le dernier avantage de la graisse d'oie, et non des moindres, est qu'elle donne aux préparations un goût exceptionnel, qui en fait un aliment à haut niveau gastronomique.

• Vous remarquerez enfin que dans un grand nombre de recettes, je propose souvent d'utiliser de **la crème de soja en lieu et place de la crème fraîche**. Il faut dire que c'est un ingrédient nouveau, qui n'était pas disponible en 1995 et que l'on découvre aujourd'hui avec un *a priori* plutôt favorable. Il présente l'avantage de permettre une sauce crémeuse sans avoir recours à des graisses saturées, ce qui est le cas de la crème fraîche ou la crème fleurette. C'est un produit qui convient mieux aux légumes et aux poissons. Si on l'utilise avec les viandes, je conseille d'en rehausser le goût avec un peu de graisse d'oie.

Le seul inconvénient de la crème de soja (outre le fait qu'on ne la trouve pas encore partout, sauf dans les boutiques diététiques), est qu'elle tourne si elle est cuite à feu fort ou pendant trop longtemps. Elle résiste donc mal aux longs mijotages. Ajoutée en fin de cuisson ou en déglaçage, elle est en revanche parfaite.

LA CUISSON

L'autre option que je propose dans ce livre est celle de cuissons à faible température. Que l'on fasse revenir des oignons dans une poêle ou une cocotte, que l'on y fasse cuire des légumes, des poissons, des crustacés ou même certaines viandes (volaille notamment), point n'est besoin de feux forts qui caramélisent à l'excès (voire brûlent carrément) les aliments. Du fait de la dénaturation moléculaire qui s'ensuit, ceux-ci deviennent indigestes et même nocifs pour la santé.

C'est ce qu'on appelle la réaction de Maillard. (Maillard est le premier scientifique à avoir montré que la chaleur entraînait une décomposition chimique de la structure moléculaire des aliments. Par exemple, les pigments bruns et les polymères qui apparaissent sous l'effet d'une montée importante en température sont les sous-produits de la dénaturation des protéines et des sucres combinés. Les nouvelles substances produites ainsi du fait de la cuisson seraient selon certains auteurs [P. Dang, 1990], toxiques, peroxydantes, mutagènes, voire carcinogènes.)

Chaque fois que vous avez des difficultés à digérer (notamment en sortant d'un restaurant, même très réputé), vous pouvez sans trop vous tromper mettre en cause les trop fortes cuissons des aliments que vous avez consommés. Quant aux effets pervers sur la santé, ils ne pourront se faire sentir qu'à très long terme, du fait de leur effet cumulatif à dose infinitésimale, ce qui rend très difficile l'identification de la relation de cause à effet.

Pour en terminer avec les cuissons, il y a une dernière option que je propose dans de nombreuses cuissons à la poêle avec de l'huile. C'est de jeter l'huile de cuisson et de la remplacer une fois l'aliment cuit par de l'huile fraîche. C'est plus digeste et meilleur pour la santé.

LES RECETTES

La caractéristique de ces deux cents recettes est qu'elles sont **simples, rapides, pratiques** et pour 98 % d'entre elles, font appel à des ingrédients **bon marché.**

La rapidité semble en effet devenue aujourd'hui une condition nécessaire dans l'élaboration culinaire. Les statistiques montrent que l'on consacre désormais en moyenne environ vingt minutes à la préparation du dîner du soir. Nombreuses sont les personnes qui ont renoncé à cuisiner elles-mêmes (en achetant des plats tout préparés) précisément parce qu'elles n'ont que peu de temps à y consacrer. Ce livre devrait donc leur permettre de redécouvrir le plaisir de cuisiner, dans la mesure où aucune recette proposée ne demande plus d'une demi-heure de préparation, la moyenne se situant d'ailleurs autour de vingt minutes.

Elles impliquent seulement que l'on ait un minimum de connaissances culinaires pour les mettre en œuvre, car un livre de recettes n'est pas un livre d'initiation à la cuisine. Il en existe d'excellents pour cela, encore que la meilleure éducation que l'on puisse recevoir dans ce domaine est celle que l'on acquiert « sur le tas » avec une mère, une grand-mère ou encore en suivant un cours spécialisé. Il en existe un peu partout.

La dernière chose, et non des moindres, qu'il convient de souligner, c'est que ce tome II de *Recettes et Menus*, comme le tome I, s'inspire du concept de **gastronomie nutritionnelle** que j'ai commencé à développer dans mes ouvrages précédents. Jusqu'alors, le paysage alimentaire était divisé en deux camps, dont chaque représentant considérait la frontière avec un manichéisme exacerbé. Il y avait d'un côté le monde rabelaisien de la « grande bouffe », celui des banquets interminables, des plats regorgeant de victuailles bien grasses, bien goûteuses. C'était celui des bons vivants, dont on mesurait la joie de vivre et le bien-être existentiel à la bonhomie boursouflée du visage et à l'ampleur du tour de taille. C'était le monde privilégié de la gastronomie, des gourmets et des gourmands qui creusaient avec insouciance et philosophie leur tombe avec leur fourchette dans un raffinement épicurien et hédoniste appliqué.

Et puis, de l'autre côté, il y avait (et il y a encore) le monde puritain et sadomasochiste de la diététique conventionnelle, celui des interdits, des portions frugales, symboliques et surtout hypocaloriques, des aliments inodores, insipides et sans saveur, celui des sachets de protéines et des substituts de repas. C'était (et c'est encore) le monde de ceux pour qui manger est quasiment un péché. C'est le monde des tristes, des rabat-joie et des trouble-fête, des empêcheurs de manger à sa faim, ceux qui s'efforcent de vous donner mauvaise conscience, ceux dont la seule vue suffit à vous couper l'appétit. En d'autres termes, c'est le monde de ceux, qui, sous prétexte de prolonger votre survie, vous empêchent tout simplement de vivre.

La « gastronomie nutritionnelle » est une tentative de réconciliation de deux frères ennemis. C'est un moyen terme entre la débauche alimentaire et l'ascétisme. Elle procède d'abord de l'idée que manger, outre sa nécessité, doit être un plaisir, que c'est un acte qui doit faire partie de la qualité de la vie. Elle dénonce toute approche restrictive conduisant à la privation de nourriture et condamne sévèrement toute pratique consistant à tromper la faim et à prétendre satisfaire néanmoins aux besoins du corps par des artifices tels que les substituts de repas, les coupe-faim ou encore les suppléments alimentaires. La gastronomie nutritionnelle, c'est le « manger bon », le « manger plaisir » et le « manger sain ». C'est le retour à un certain bon sens alimentaire. C'est le « manger intelligent », qui consiste à garder le meilleur de la tradition gastronomique tout en s'inspirant des connaissances scientifiques nutritionnelles actuelles, remettant en cause les idées reçues d'une diététique dépassée.

Brillat-Savarin prétendait que « la destinée des nations dépend de la manière dont elles se nourrissent ». Gageons que la France saura garder dans ce domaine l'avance qu'elle a toujours eue sur les autres, en sachant faire évoluer sa gastronomie dans le bon sens. Toute une nouvelle génération de grands chefs s'y emploie d'ailleurs avec succès depuis quelques années.

LE MATÉRIEL DE CUISINE

Pour faire correctement la cuisine, il convient évidemment d'avoir à sa disposition un minimum de matériel approprié et de très bonne qualité. C'est pourquoi il ne faut jamais hésiter à acheter des ustensiles un peu plus chers que les gadgets en tout genre que l'on nous propose, car ils vont durer plus longtemps.

POÊLES

Il en faut quatre : deux grandes, une moyenne et une petite. Ne choisir que des poêles antiadhésives de haute qualité.

Attention ! Ne jamais utiliser de matériel métallique pour travailler dedans, mais uniquement des cuillers ou spatules en bois.

Même précaution pour leur nettoyage : ne jamais utiliser d'éponges métalliques.

Il convient par ailleurs d'avoir deux ou trois couvercles de plusieurs dimensions, que l'on pourra aussi utiliser pour les casseroles.

CASSEROLES

Un minimum de trois casseroles est nécessaire : une grande, une moyenne et une petite. Ne jamais acheter des casseroles en aluminium (dont l'usage devrait d'ailleurs être interdit) car elles peuvent à la longue être toxiques. N'utiliser que des casseroles en acier inoxydable à fond épais ou encore de vraies casseroles en cuivre bien étamées.

SAUTEUSES, FAITOUTS ET COCOTTES

Un grand faitout est nécessaire pour cuire les soupes, les civets, les ratatouilles, les pâtes, les gros légumes comme le chou...

Il faut aussi une sauteuse, sorte de grande casserole avec couvercle adapté, qui servira à de nombreuses préparations.

Quant à la cocotte, qui pourra être en fonte comme autrefois, elle a l'avantage de permettre un excellent mijotage (la chaleur est parfaitement répartie sur toute la surface) et peut même être utilisée comme plat de service.

La poissonnière est aussi une sorte de « faitout » nécessaire en de nombreuses circonstances.

BOLS ET JATTES

Ce sont en quelque sorte des petits, des moyens et des grands « saladiers ». Il n'y en a jamais assez dans une cuisine. Il en faut au moins une demi-douzaine de toutes les dimensions. À l'exception d'un seul (grand) métallique pour être utilisé aux bains-marie, les autres pourront être ordinaires, donc bon marché, c'est-à-dire en verre ou même en plastique.

PLATS À GRATIN ET MOULES

Ce sont des plats à bord haut qui vont au four. Ils peuvent être en verre ou en céramique, mais aussi en grès, ce qui permet de les utiliser également comme plats de service. Il en faut au moins trois : un très grand, un moyen et un petit.

Pour les desserts et les terrines, il conviendra d'avoir un ou deux moules à revêtement antiadhésif.

CUIT-VAPEUR

Je ne recommande pas l'autocuiseur (Cocotte-Minute), qui est un ustensile coûteux, et surtout dangereux. D'abord parce qu'il peut vous sauter à la figure ou vous ébouillanter, mais surtout parce qu'il cuit à très haute température (de 200 à 300 °C). Or, comme je l'ai expliqué par ailleurs, plus la température de cuisson est élevée, plus l'aliment est appauvri sur le plan nutritionnel.

L'idéal est donc le cuit-vapeur ordinaire à deux étages. Il est très bon marché et ne finira jamais de vous surprendre. Mon conseil est d'en avoir deux : un rond de 25 cm et un ovale pour les poissons.

COUTEAUX (ET AFFÛTOIR)

Ils doivent être de première qualité et faciles à affûter. Il faut de grands couteaux, mais aussi des petits et des moyens. Le mieux est de les acheter une bonne fois pour toutes chez un professionnel du matériel pour la restauration. Il en existe pratiquement dans toutes les villes.

BATTEUR-MIXEUR

L'idéal est d'avoir un robot de cuisine performant. Il en existe sur le marché à tous les prix. Là encore, si l'on peut le faire, il est toujours préférable d'acquérir un matériel haut de gamme, très proche du matériel professionnel. Mais c'est un investissement important. En attendant, on pourra utiliser le matériel courant, que l'on trouve dans toutes les grandes surfaces.

Je conseille cependant de faire un petit effort en ce qui concerne le batteur, qui doit être suffisamment puissant. Pour réussir des blancs en neige fermes ou une belle Chantilly, il faut avoir un outil qui tourne à grande vitesse et si possible sur pied, ce qui permet de faire autre chose pendant ce temps.

LES INDISPENSABLES

Ce sont tous ces petits instruments « accessoires », dont le rôle est pourtant primordial. On peut citer dans le désordre :

– des cuillers en bois de différentes tailles (au moins trois) ;

– une maryse en caoutchouc, qui permet de bien gratter le fond des bols ;

– un pinceau pour badigeonner, graisser les plaques et les moules ;

– une écumoire ;

– une passoire et un chinois (un modèle moyen de chaque est suffisant) ;

– deux fouets (un petit et un moyen) ;

– deux louches (une petite et une normale) ;

– des mesures et une balance ;

– plusieurs plaques à découper (une petite, une moyenne et une très grande) ;

– facultatif mais bien utile : les cercles. Ces cylindres en métal ou en plastique, de différents diamètres (6, 8 ou 10 cm) et de différentes hauteurs (2 à 6 cm), permettent de « mettre en forme » une préparation au milieu d'une assiette individuelle pour améliorer sa présentation. On fait généralement prendre la préparation dans les cercles, puis on les retire au moment de servir.

Bien évidemment, cette liste n'est pas exhaustive, mais on supposera que le reste du matériel (de la râpe au hachoir en passant par l'ouvre-boîte) fait déjà partie de l'inventaire de votre cuisine.

LES BONS MARIAGES DES ÉPICES ET HERBES AROMATIQUES

Agneau	Ail, aneth, curry, menthe, origan romarin, thym.
Bœuf	Ail, basilic, cumin, curry, gingembre, laurier, marjolaine, origan, piment, poivre de Cayenne, thym..
Porc	Ail, aneth, coriandre, curry, cumin, gingembre, poivre de Cayenne, romarin, sauge, thym
Veau	Ail, aneth, coriandre, laurier, origan, romarin, sauge, thym.
Volaille	Ail, basilic, coriandre, ciboulette, curry, estragon, gingembre, laurier, marjolaine, origan, thym.
Œufs	Ciboulette, cumin, curry, estragon, poivre de Cayenne, sarriette.
Poisson	Aneth, ciboulette, coriandre, estragon, laurier, noix de muscade, sauge, thym.
Fruits de mer	Aneth, basilic, cerfeuil, clou de girofle, coriandre, curry, estragon, laurier, marjolaine, origan, thym.
Asperges	Aneth, basilic, ciboulette, estragon, graines de sésame, noix de muscade.
Aubergines	Ail, basilic, marjolaine, origan, piment, sauge, thym.
Brocolis, chou, chou-fleur, choux de Bruxelles	Ail, basilic, cumin, curry, estragon, gingembre, marjolaine, origan, thym.
Champignons	Ail, aneth, basilic, ciboulette, estragon, marjolaine, origan, romarin.
Courgettes	Ail, aneth, basilic, ciboulette, estragon, marjolaine, menthe, origan.
Épinards	Ail, basilic, estragon, noix de muscade.
Fèves	Aneth, basilic, ciboulette, estragon, marjolaine, sarriette, sauge, origan, romarin.
Haricots secs	Ail, coriandre, cumin, estragon, marjolaine, origan, piment, poivre de Cayenne, romarin, sarriette, sauge, thym.
Haricots verts	Ail, aneth, basilic, estragon, laurier, marjolaine, menthe, romarin, sarriette.
Navets	Cannelle, gingembre, noix de muscade, piment.
Petits pois	Aneth, basilic, ciboulette, estragon, marjolaine, menthe, origan, sarriette.
Poivrons	Ail, ciboulette, coriandre, marjolaine, origan, thym.
Tomates	Ail, aneth, ciboulette, coriandre, estragon, marjolaine, origan, romarin, sarriette, sauge, thym.
Riz	Ail, ciboulette, cumin, curry, estragon, sauge.

DEUXIÈME PARTIE

MENUS POUR TROIS MOIS

(PHASE I)

Comme dans le premier tome de *Recettes et Menus*, ces suggestions de menus ont été conçues pour vous aider à concevoir une alimentation équilibrée, dans le cadre de l'application de la méthode Montignac. L'ensemble de ces menus correspond à la phase I.

Une toute petite entorse a cependant été faite à l'orthodoxie de cette phase en proposant des desserts (à très très faible écart) au déjeuner du samedi et du dimanche.

De plus, certains pourront s'étonner d'y voir figurer deux aliments qu'ils croyaient exclus de la phase I : les carottes râpées et la compote de pommes.

La carotte est en effet un aliment que dans nos précédents ouvrages nous recommandions d'éviter, dans la mesure où son index glycémique est particulièrement élevé. Mais les informations qui nous permettaient de l'affirmer concernaient en fait la carotte cuite. Depuis, nous avons découvert avec beaucoup de satisfaction que la carotte crue possède un index glycémique tout à fait acceptable (30). Elle peut donc être réintégrée, en phase I, dans un repas glucidique notamment.

En ce qui concerne les pommes cuites, la situation est différente car elles n'ont jamais fait l'objet de la moindre réserve. Leur exclusion de la part de certains lecteurs relevait simplement d'un malentendu qu'il convient de dissiper. La recommandation nutritionnelle qui consiste à manger les fruits à jeun est toujours valable lorsqu'il s'agit de fruits frais : en effet, mangés à la fin du repas, ils risquent de fermenter et d'entraîner une perturbation de la digestion. C'est donc pour des raisons de confort digestif (et non de prise de poids éventuelle) que cette recommandation a toujours été faite. Or, il faut savoir que dès lors qu'un fruit est cuit, son risque de fermentation dans l'estomac est quasiment supprimé. C'est pourquoi l'on peut manger certains fruits à index glycémique particulièrement bas, comme la pomme, lorsqu'ils sont cuits.

Précisons par ailleurs que pour constituer une alimentation équilibrée, ces menus doivent intégrer un petit déjeuner de type glucidique, c'est-à-dire comportant du pain intégral, de la marmelade de fruits sans sucre, ou encore des céréales ou du muesli sans sucre ajouté, ainsi que des fruits frais consommés préalablement ou entre les repas, comme indiqué dans la méthode.

La plupart des plats recommandés dans les menus comportent un astérisque : il indique que la recette est donnée dans le livre.

Les recettes surmontées du symbole «V» sont compatibles avec un régime végétarien.

PREMIER MOIS • SEMAINE 1

	DÉJEUNER	DÎNER
LUNDI	• Salade de mâche • Blanc de poulet à la citronnade * • Haricots verts • Fromage	• Velouté de champignons * • Tomates farcies à la semoule intégrale * • Yaourt
MARDI	• Salade de tomates • Escalope de veau à la crème de parme * • Pois gourmands • Fromage	• Soufflé au fromage * • Salade verte • Yaourt
MERCREDI	• Salade de champignons * • Maquereaux au vin blanc • Endives • Fromage	• Salade de chou-fleur • Œufs au plat au jambon de pays • Fromage blanc
JEUDI	• Céleri rémoulade • Truites aux amandes • Purée d'épinards • Fromage	• Velouté de poireaux • Pâtes intégrales à la sauce tomate • Yaourt maigre
VENDREDI	• Marinade d'aubergines * • Pot-au-feu de dinde * • Fromage	• Soupe à l'oseille • Salade de brocolis aux amandes * • Yaourt
SAMEDI	• Carpaccio de saumon * • Rôti de porc au curry * • Choux de Bruxelles • Fromage • Brouillade de pommes à la cannelle*	• Consommé de tomates • Semoule intégrale aux légumes • Fromage blanc à 0 %
DIMANCHE	• Pâté d'avocat aux crevettes * • Saumon en croûte de sel * • Brocolis • Châtaignier au chocolat*	• Œufs brouillés aux poivrons * • Salade • Fromage

PREMIER MOIS • SEMAINE 2

	DÉJEUNER	DÎNER
LUNDI	• Salade d'endives • Grillades de porc provençales * • Tomates provençales * • Fromage	• Quiche rustique * • Salade • Yaourt entier
MARDI	• Salade de germes de soja • Foie de veau aux oignons * • Fromage	• Concombre au yaourt maigre • Riz intégral au coulis de tomates • Compote de pommes
MERCREDI	• Potage glacé au concombre • Filet de saumon grillé au tamari * • Brocolis • Fromage	• Moules à la crème de soja * • Salade verte • Yaourt entier
JEUDI	• Farandole de poivrons au bacon * • Bourguignon * • Purée de céleri • Yaourt	• Tagliatelles à la purée de champignons • Fromage blanc maigre
VENDREDI	• Avocat • Blancs de poulet à la provençale * • Salade verte • Fromage	• Tortilla à la Montignac * • Salade verte • Yaourt entier
SAMEDI	• Paillasson d'oignons gratiné * • Morue provençale * • Poireaux cuits à la vapeur * • Fromage	• Velouté de poireaux * • Calamars à la provençale * • Crème caramel au fructose*
DIMANCHE	• Terrine de lotte • Saint-Jacques à l'échalote et soja * • Farandole de salades * • Bavarois à l'abricot et son coulis *	• Brouillade d'oseille * • Salade verte • Fromage

PREMIER MOIS • SEMAINE 3

	DÉJEUNER	DÎNER
LUNDI	• Salade aux moules • Blanc de poulet en papillote à l'estragon * • Endives • Fromage	• Clafoutis de poireaux * • Salade verte • Pommes au four
MARDI	• Salade d'endives • Veau au paprika * • Fromage	• Spaghettis intégraux à la sauce tomate • Yaourt maigre
MERCREDI	• Poireaux vinaigrette • Thon grillé • Ratatouille * • Fromage	• Soupe de poisson • Œufs en cocotte à l'estragon * • Salade au chèvre chaud
JEUDI	• Velouté de champignons • Entrecôte à la bordelaise * • Haricots verts • Fromage	• Carottes râpées jus de citron • Lentilles à la tomate • Fromage blanc à 0 %
VENDREDI	• Poulet en salade * • Œufs brouillés aux poivrons * • Fromage	• Jambon aux courgettes et parmesan * • Salade verte • « Yaourt » de soja
SAMEDI	• Rémoulade de céleri à l'avocat * • Roulé d'escalope au jambon à la provençale * • Salade • Mousse de fruits rouges*	• Poulet à la provençale * • Salade verte • Yaourt
DIMANCHE	• Huîtres • Salmis de palombes * • Purée de céleri • Gâteau au chocolat fondant*	• Velouté d'ail * • Œufs pochés à la provençale * • Salade • Fromage

PREMIER MOIS • SEMAINE 4

	DÉJEUNER	DÎNER
LUNDI	• Radis • Thon en brandade de tomate * • Salade d'endives • Fromage	• Potage de légumes • Terrine de foies de volaille * • Salade • Fromage blanc
MARDI	• Cœur de palmier • Escalope de veau à la crème de parme * • Purée de chou-fleur • Fromage	• Velouté de brocoli • Riz intégral sauce tomate • Yaourt maigre
MERCREDI	• Salade de champignons * • Poulpe aux oignons * • Yaourt	• Soupe au chou • Flan de courgettes et de poireaux * • Fromage
JEUDI	• Salade de chou rouge aux noix * • Émincés de veau * • Endives braisées * • Fromage	• Carottes râpées jus de citron • Pâtes intégrales au coulis de tomate et basilic • Yaourt maigre
VENDREDI	• Avocat vinaigrette • Côtes de porc à la moutarde * • Endives braisées • Fromage	• Omelette aux champignons • Salade • Yaourt
SAMEDI	• Saumon mariné • Blanquette de veau à la Montignac * • Pêches au fromage et framboises*	• Soupe de moules à la crème * • Dorades à la basquaise * • Poireaux à l'étouffée * • Fromage
DIMANCHE	• Salade de gésiers confits • Rôti de magret * • Champignons persillés * • Mousse aux amandes fraîches*	• Flan à la tomate * • Salade • Compote de pommes

DEUXIÈME MOIS • SEMAINE 1

	DÉJEUNER	DÎNER
LUNDI	• Chou-fleur vinaigrette • Poulet à l'ail * • Céleri-rave * • Fromage	• Consommé de tomates * • Couscous de légumes • Yaourt maigre
MARDI	• Champignons à la grecque • Rôti de porc au curry * • Choux de Bruxelles • Fromage	• Terrine de feta à la crétoise * • Omelette au fromage • Salade verte • Yaourt
MERCREDI	• Salade grecque (tomate + feta) • Limandes à la crétoise * • Épinards • Fromage	• Taboulé à la menthe fraîche • Salade • Compote de pommes
JEUDI	• Salade de haricots verts aux petits oignons • Steak tartare • Fromage	• Soupe au chou • Spaghettis intégraux aux courgettes • Yaourt maigre
VENDREDI	• Salade d'endives aux noix • Carré d'agneau à la provençale * • Champignons persillés * • Yaourt	• Thon au vinaigre d'ail * • Gratin d'aubergines * • Fromage
SAMEDI	• Salade de cresson aux lardons * • Loup grillé au fenouil * • Poireaux à l'étouffée * • Citronnier*	• Salade verte aux pignons • Œufs pochés à la provençale * • Yaourt
DIMANCHE	• Langoustines à la mayonnaise • Magret de canard à l'orange * • Tomates provençales * • Framboisier*	• Velouté de cresson • Artichauts vinaigrette • Fromage

DEUXIÈME MOIS • SEMAINE 2

	DÉJEUNER	DÎNER
LUNDI	• Salade frisée aux lardons • Daube provençale * • Purée de céleri * • Fromage	• Velouté de tomates * • Pâtes intégrales aux champignons • Salade • Yaourt maigre
MARDI	• Cœurs de palmiers • Rôti de porc • Aubergines • Fromage	• Soufflé au fromage * • Salade verte • Compote de pommes
MERCREDI	• Salade verte au chèvre chaud * • Gambas grillées • Épinards à la crème • Feta	• Crème de soja aux échalotes * • Blancs de poulet à la provençale * • Salade • Yaourt
JEUDI	• Tartare de thon * • Magret aux olives * • Salade • Fromage	• Carottes râpées • Riz intégral au curry * • Yaourt maigre
VENDREDI	• Radis • Escalope de dinde à la crème * • Courgettes braisées • Fromage	• Œufs mimosa au thon * • Salade de chèvre chaud*
SAMEDI	• Mousse de fromage à la provençale * • Filets de sole au saumon * • Brocolis • Mousse au café*	• Velouté de crevettes * • Filet de bar sauce échalote * • Épinards • Yaourt
DIMANCHE	• Gratinée de Saint-Jacques dans leur coquille * • Pigeons aux petits pois • Crème catalane aux framboises*	• Soupe à l'oignon • Tomates farcies aux champignons • Fromage

DEUXIÈME MOIS • SEMAINE 3

	DÉJEUNER	DÎNER
LUNDI	• Salade de brocolis aux amandes * • Échine de porc aux navets * • Fromage	• Bouillon de légumes maigre • Tagliatelles à la purée de champignons • Yaourt maigre
MARDI	• Salade de tomates et concombre • Carpaccio de bœuf * • Salade verte • Fromage	• Mousse de fromage à la provençale * • Brochette de blancs de poulet • Salade • Yaourt
MERCREDI	• Salade de haricots verts • Filet de sole à la crème de soja * • Fromage	• Soupe maigre de poireaux • Haricots blancs à la tomate • Yaourt maigre à la marmelade de fruits sans sucre
JEUDI	• Frisée aux lardons • Magret grillé • Salsifis • Fromage	• Velouté de cresson • Terrine de foies de volaille aux poireaux * • Fromage blanc en faisselle
VENDREDI	• Avocat aux crevettes • Morue à la provençale * • Poireaux à la vapeur • Fromage	• Consommé de tomates * • Spaghettis intégraux au basilic • Yaourt maigre
SAMEDI	• Salade de fèves au bacon * • Nage de poissons et fruits de mer * • Crème catalane aux framboises*	• Poulpe aux oignons * • Gâteau aux pommes paysan*
DIMANCHE	• Aumonières à la mousse de saumon fumé * • Filets de rougets à la crème * • Purée de haricots verts • Soufflé de pommes flambées au Calvados*	• Velouté de champignons • Brouillade d'oseille * • Salade verte • Fromage blanc aux herbes

DEUXIÈME MOIS • SEMAINE 4

	DÉJEUNER	DÎNER
LUNDI	• Salade de concombre • Dinde aux pommes * • Fromage blanc en faisselle	• Velouté d'asperges maigre • Haricots blancs à la tomate • Yaourt maigre à la marmelade de fruits
MARDI	• Salade d'endives aux noix • Darne de saumon grillée • Haricots verts • Fromage	• Soupe à l'oseille * • Terrine de foies de volaille * • Salade verte • Yaourt
MERCREDI	• Paillasson d'oignons gratiné * • Thon en brandade de tomate * • Fromage	• Velouté glacé au concombre * • Quiche rustique * • Salade verte
JEUDI	• Céleri rémoulade * • Filet de mouton à la provençale * • Ratatouille * • Fromage	• Soupe de poisson • Truite aux amandes * • Salade • Fromage blanc en faisselle
VENDREDI	• Salade niçoise • Magret aux olives * • Tomates provençales * • Fromage	• Consommé de tomates * • Pâtes intégrales et purée de poivrons • Fromage blanc aux herbes
SAMEDI	• Saumon fumé • Rôti de bœuf • Haricots verts • Poires Belle-Hélène	• Crème de soja aux échalotes * • Artichauts • Yaourt
DIMANCHE	• Noix de Saint-Jacques marinées à l'aneth * • Filets de rouget à la crème * • Brocolis à la vapeur • Mousse aux amandes fraîches*	• Œufs au plat et au jambon de pays * • Salade • Yaourt

TROISIÈME MOIS • SEMAINE 1

	DÉJEUNER	DÎNER
LUNDI	• Chou-fleur en salade • Poulet à l'ail * • Fenouil braisé * • Fromage	• Velouté d'asperges • Couscous aux légumes • Yaourt maigre
MARDI	• Frisée aux lardons • Boudin noir grillé • Pommes-cannelle • Fromage	• Velouté d'ail * • Blancs de poulet à l'estragon * • Salade verte • Fromage blanc en faisselle
MERCREDI	• Salade de tomates et féta • Filets de sole • Purée d'aubergines • Fromage blanc en faisselle	• Tortilla à la Montignac * • Salade verte • Yaourt
JEUDI	• Salade de chou rouge • Veau au paprika * • Navets braisés • Fromage	• Consommé de tomates * • Tagliatelles à la purée de champignons • Yaourt maigre
VENDREDI	• Bavarois d'avocat * • Brochettes d'espadon * • Ratatouille * • Fromage	• Soupe de choucroute * • Émincés de veau * • Endives braisées • Pommes au four
SAMEDI	• Aumonières à la mousse de saumon fumé * • Gigot d'agneau au romarin * • Haricots verts • Gratinée de nectarines*	• Soupe de poissons • Calamars à la provençale * • Salade • Fromage
DIMANCHE	• Flan de courgettes et de poivrons * • Tournedos à la provençale * • Champignons persillés * • Crème caramel au fructose*	• Œufs brouillés aux crevettes * • Salade • Fromage

TROISIÈME MOIS • SEMAINE 2

	DÉJEUNER	DÎNER
LUNDI	• Salade frisée aux lardons • Perdrix aux choux * • Fromage	• Carottes râpées jus de citron • Lentilles à la tomate • Yaourt maigre
MARDI	• Salade de germes de soja • Foies de veau au basilic * • Endives braisées * • Fromage	• Omelette au fromage • Salade • Yaourt
MERCREDI	• Tomates mozzarella • Sardines fraîches au vinaigre de Xérès * • Brocolis à la vapeur • Fromage	• Soupe au pistou * • Fromage blanc en faisselle
JEUDI	• Salade de haricots verts * • Entrecôte à la bordelaise * • Purée de poivrons * • Fromage	• Tomates farcies à la semoule intégrale • Yaourt maigre
VENDREDI	• Concombre en salade • Canard aux olives • Flan de tomates * • Fromage	• Marinade d'aubergines * • Œufs au plat et jambon de pays * • Fromage
SAMEDI	• Timbale de Saint-Jacques * • Gigot à l'anglaise * • Brocolis • Mousse au café*	• Gaspacho andalou * • Turbot à l'oseille * • Salade • Soupe d'abricots*
DIMANCHE	• Mousse de fromage à la provençale * • Turbot au fenouil * • Salade verte * • Clafoutis aux cerises*	• Brouillade d'oseille * • Salade • Yaourt

TROISIÈME MOIS • SEMAINE 3

	DÉJEUNER	DÎNER
LUNDI	• Cœurs de palmier • Escalope de dinde à la crème * • Fromage	• Velouté de poireaux • Courgettes farcies au fromage blanc • Yaourt
MARDI	• Salade d'endives • Steak au poivre • Purée de haricots verts • Fromage	• Avocat • Poulet à la provençale * • Salade • Yaourt
MERCREDI	• Poireaux vinaigrette • Filet de colin • Purée d'épinards * • Fromage	• Velouté maigre de champignons • Riz intégral au curry * • Salade au citron • Fromage blanc à 0 % aux fines herbes
JEUDI	• Chou rouge vinaigrette • Brochettes provençales * • Fromage	• Soupe de cresson • Limande à la crétoise * • Choux de Bruxelles • Yaourt
VENDREDI	• Champignons persillés * • Foies de volaille • Haricots verts • Fromage	• Consommé de tomates * • Haricots rouges et fonds d'artichauts au fromage blanc à 0 % • Yaourt maigre
SAMEDI	• Asperges • Coq au vin * • Choucroute • Poires au vin*	• Gratinée d'oignons * • Œufs en gelée à l'estragon * • Salade • Fromage
DIMANCHE	• Noix de Saint-Jacques marinées à l'aneth * • Pintade flambée aux endives * • Blanc-manger au coulis de framboises*	• Pâtes fraîches intégrales sauce tomate au basilic • Yaourt maigre

TROISIÈME MOIS • SEMAINE 4

	DÉJEUNER	DÎNER
LUNDI	• Salade verte au chèvre chaud * • Côtes de porc à la moutarde * • Fenouil braisé * • Fromage	• Velouté glacé au concombre * • Artichauts vinaigrette • Yaourt
MARDI	• Cœurs de palmier • Petit salé • Chou à l'ancienne * • Fromage	• Clafoutis de poireaux * • Salade verte • Fromage blanc en faisselle
MERCREDI	• Radis • Filet de merlan • Haricots verts • Fromage	• Potage maigre de lentilles • Tomates farcies à la semoule intégrale * • Fromage blanc à 0 % aux herbes
JEUDI	• Champignons à la grecque • Blanquette de veau à la Montignac * • Fromage	• Crevettes roses • Thon au vinaigre d'ail * • Salade • Yaourt
VENDREDI	• Chou-fleur en salade • Foie de veau au basilic * • Tomates provençales • Fromage	• Crème de soja aux échalotes * • Flan de tomate * • Salade verte • Yaourt
SAMEDI	• Paillasson d'oignons gratinés * • Coquelets aux cèpes * • Bavarois de framboise et son coulis *	• Soupe à l'oseille * • Truites aux amandes * • Salade de brocolis • Fromage
DIMANCHE	• Salade gourmande * • Saumon en croûte de sel * • Endives à la crème * • Gratinée de poires *	• Spaghettis intégraux sauce tomate • Yaourt maigre

TROISIÈME PARTIE

LES RECETTES

ENTRÉES

AUMÔNIÈRES À LA MOUSSE DE SAUMON FUMÉ

POUR 4 PERSONNES
PRÉPARATION : 20 MINUTES
PAS DE CUISSON

- 16 TRANCHES DE SAUMON FUMÉ
- 200 G DE CRÈME FRAÎCHE
- 20 CL DE CRÈME FLEURETTE (TRÈS FROIDE)
- 1 CUILLERÉE À SOUPE D'ANETH CISELÉ
- 1 CUILLERÉE À SOUPE DE CIBOULETTE CISELÉE + QUELQUES BRINS ENTIERS
- QUELQUES BRINS DE PERSIL
- POIVRE

- Réserver les huit plus belles tranches pour faire les aumônières.
- Passer au mixer le saumon fumé restant pour en faire une purée.
- Dans un grand bol, monter la crème fleurette en Chantilly après avoir incorporé une pincée de sel.
- Mélanger le contenu des deux bols, rajouter la moitié de l'aneth et la moitié de la ciboulette. Poivrer.
- Réaliser les aumônières (en s'aidant d'une tasse ou d'un ramequin), les fourrer avec l'appareil et les ligoter avec deux ou trois brins de ciboulette.
- Servir à l'assiette en décorant avec le reste des herbes, les brins de persil et éventuellement le reste de mousse.

NOTE :
L'aumônière est un petit sac en forme de bourse. La tranche de saumon est posée dans le fond d'une tasse à thé ou d'un ramequin, puis garnie avec la préparation. Ensuite, les bords sont délicatement réunis et ficelés avec les brins de ciboulette.

V

BAVAROIS D'AVOCAT

POUR 5 PERSONNES
PRÉPARATION : 15 MINUTES
PAS DE CUISSON

- 4 AVOCATS BIEN MÛRS
- LE JUS D'UN CITRON ET DEMI
- 300 G DE FROMAGE BLANC EN FAISSELLE
- 50 G D'OLIVES NOIRES DÉNOYAUTÉES
- 1 CUILLERÉE 1/2 À SOUPE DE PERSIL FRAIS HACHÉ
- 1 CUILLERÉE À SOUPE D'ANETH HACHÉ
- 1 CUILLERÉE À SOUPE D'HUILE D'OLIVE
- SEL, POIVRE, CORIANDRE EN POUDRE
- PIMENT DE CAYENNE (1 À 2 PINCÉES)

- Mixer la pulpe des avocats avec le jus de citron, le persil, l'aneth, les olives noires, le sel, le poivre, la coriandre, le piment de Cayenne.
- Mélanger dans un saladier avec le fromage blanc bien égoutté. Ajuster l'assaisonnement.
- Verser la préparation dans un moule ou des cercles individuels (voir note page 22) et laisser 4 à 5 heures au réfrigérateur.
- Démouler et servir sur un lit de salade. Décorer avec du persil et des olives.

CARPACCIO DE BŒUF

POUR 4 PERSONNES
PRÉPARATION : 10 MINUTES
PAS DE CUISSON

- 300 G DE CARPACCIO
- HUILE D'OLIVE
- FLEUR DE SEL, POIVRE
- HERBES DE PROVENCE

- Faire préparer le carpaccio par le boucher ou l'acheter tout prêt dans le rayon boucherie d'une grande surface.
- Disposer les tranches de carpaccio sur de grandes assiettes.
- Arroser d'huile d'olive (l'étendre éventuellement au pinceau pour qu'elle recouvre l'ensemble de la surface).
- Saler, poivrer et saupoudrer légèrement d'herbes de Provence.
- Laisser mariner 10 à 15 minutes et servir.

VARIANTE :
En lieu et place des herbes de Provence, on peut saupoudrer le carpaccio de parmesan.

V

CHÈVRES MARINÉS AUX FÈVES FRAÎCHES

POUR 4 PERSONNES
PRÉPARATION : 20 MINUTES
CUISSON : 2 MINUTES

- 4 PETITS FROMAGES DE CHÈVRES FRAIS OU QUATRE MORCEAUX
- (300 G ENVIRON AU TOTAL)
- 10 CL D'HUILE D'OLIVE
- 500 G DE FÈVES FRAÎCHES
- 4 CUILLERÉES À CAFÉ DE VINAIGRE BALSAMIQUE
- 1 CUILLERÉE À CAFÉ D'HERBES DE PROVENCE
- 1 GOUSSE D'AIL ÉCRASÉE
- SEL, POIVRE, PIMENT DE CAYENNE

- Couper les fromages en deux ou en quatre. Les disposer dans un plat creux et les saupoudrer d'herbes de Provence.
- Dans un bol, mélanger l'huile d'olive et l'ail en purée. Poivrer et pimenter légèrement.
- Verser la marinade sur le fromage. Recouvrir de film alimentaire et laisser mariner quelques heures.
- Écosser les fèves. Les plonger 2 minutes dans l'eau bouillante salée puis retirer la fine peau qui les recouvre.
- Disposer les fromages dans les assiettes avec les fèves.
- Faire une vinaigrette avec 4 cuillerées à soupe de marinade et le vinaigre balsamique. Napper et servir.

FARANDOLE DE POIVRONS AU BACON

POUR 4 PERSONNES
PRÉPARATION : 20 MINUTES
CUISSON : 20 MINUTES

- 2 POIVRONS ROUGES
- 2 POIVRONS VERTS
- 2 POIVRONS JAUNES
- UNE VINGTAINE D'OLIVES NOIRES DÉNOYAUTÉES
- LE JUS D'1 CITRON
- 4 GOUSSES D'AIL ÉCRASÉES
- 3 CUILLERÉES À SOUPE DE PERSIL FRAIS HACHÉ
- 9 TRANCHES DE BACON
- 4 CUILLERÉES À SOUPE D'HUILE D'OLIVE
- SEL, POIVRE

- Couper les poivrons en deux. Retirer le pédoncule et les graines.
- Mettre les demi-poivrons sous le gril du four jusqu'à ce que la peau noircisse légèrement et se boursoufle.
- Laisser refroidir et peler.
- Découper en lanières et mettre dans un saladier.
- Hacher la moitié des olives. Couper les autres en deux.
- Mélanger l'ail, le jus de citron, l'huile d'olive et le persil, le sel et le poivre puis verser cette sauce sur les poivrons.
- Faire cuire le bacon à feu doux jusqu'à ce qu'il soit complètement grillé. Réserver et laisser refroidir sur un papier absorbant.
- Passer au mixer le bacon devenu sec pour le réduire en poudre grossière.
- Saupoudrer la salade de poivrons avec le bacon et servir.

V

FLAN DE COURGETTES ET DE POIVRONS

POUR 6 PERSONNES
PRÉPARATION : 25 MINUTES
CUISSON : 65 MINUTES

- 1 KG DE COURGETTES
- 4 POIVRONS ROUGES
- 400 G DE FROMAGE BLANC
- (EN FAISSELLE)
- 5 ŒUFS
- 50 G DE GRUYÈRE RÂPÉ
- 10 CL DE CRÈME FLEURETTE
- (15 % DE MG)
- NOIX DE MUSCADE,
- HERBES DE PROVENCE
- SEL, POIVRE, HUILE D'OLIVE

- Couper les courgettes en trois dans la longueur. Les faire cuire dans le cuit-vapeur pendant 20 minutes. Les réserver dans un égouttoir pour leur faire perdre le maximum d'eau. Presser éventuellement (mais délicatement) la pulpe pour les y aider.
- Couper les poivrons en deux et les débarrasser de leur pédoncule et de leurs graines. Les mettre au four sous le gril pour pouvoir enlever leur peau facilement. Une fois pelés, les mettre à plat.
- Dans un saladier, battre les œufs, que l'on mélangera avec le fromage blanc, la noix de muscade, les herbes de Provence et la crème fleurette. Saler et poivrer.
- Dans un moule à cake graissé à l'huile d'olive, disposer les légumes et le mélange ci-dessus. Saupoudrer de gruyère râpé.
- Mettre au four th. 4 (130 °C) pendant 45 minutes.
- Laissez refroidir et mettre au réfrigérateur pendant 6 heures.
- Démouler et servir en tranches sur un lit de salade avec un filet d'huile d'olive fraîche.

GRATINÉES DE SAINT-JACQUES DANS LEUR COQUILLE

POUR 4 PERSONNES
PRÉPARATION : 20 MINUTES
CUISSON : 20 MINUTES

- 8 BELLES SAINT-JACQUES (12 SI ELLES SONT MOYENNES) ET 4 COQUILLES
- 3 ÉCHALOTES ÉMINCÉES
- 1 VERRE DE VIN BLANC SEC
- 4 CUILLERÉES À SOUPE DE CRÈME FRAÎCHE
- 200 G DE GRUYÈRE RÂPÉ
- SEL, POIVRE, HUILE D'OLIVE, NOIX DE MUSCADE

- Mettre une cuillerée d'huile d'olive dans une casserole. Chauffer à feu doux. Y jeter les échalotes émincées et les faire fondre sans les laisser roussir. Mouiller avec le vin blanc, saler et poivrer.
- Séparer la noix de corail des Saint-Jacques.
- Pocher les noix 1 minute et réserver.
- Faire réduire aux trois quarts le vin blanc à l'échalote.
- Mixer le corail avec cette réduction, rajouter la crème fraîche et le gruyère râpé. Bien mélanger.
- Disposer les noix dans les coquilles.
- Couvrir de la préparation crémeuse. Jeter une pincée de muscade.
- Enfourner sous le gril et faire gratiner 4 à 5 minutes maximum afin de ne pas trop cuire les noix.

V

MARINADE D'AUBERGINES

PRÉPARATION : 20 MINUTES
PAS DE CUISSON

- 4 AUBERGINES
- 2 GOUSSES D'AIL
- HUILE D'OLIVE
- HERBES DE PROVENCE
- SEL, POIVRE, PIMENT DE CAYENNE

- Tronçonner les aubergines dans la largeur en rondelles épaisses de 1 cm au moins.
- Faire cuire dans un cuit-vapeur pendant 20 minutes et bien laisser égoutter.
- Faire une marinade dans un bol avec 15 cl d'huile d'olive, l'ail écrasé, sel, poivre, et piment de Cayenne. (Bien saler notamment car les aubergines ne le sont pas à la cuisson.)
- Dans un plat en grès, disposer les aubergines en couches successives. À chaque couche, badigeonner abondamment de marinade et saupoudrer généreusement d'herbes de Provence.
- Bien tasser avant de recouvrir de film alimentaire et de mettre au réfrigérateur, où l'on pourra conserver la préparation plusieurs jours.

SUGGESTION :
À consommer seule ou avec d'autres hors-d'œuvre.

MOUSSE DE FROMAGE À LA PROVENÇALE

POUR 4 PERSONNES
PRÉPARATION : 25 MINUTES
PAS DE CUISSON

- 400 G DE FROMAGE BLANC EN FAISSELLE
- 1 GROS CONCOMBRE
- 2 BLANCS D'ŒUFS
- 2 CUILLERÉES À SOUPE DE CIBOULETTE CISELÉE
- 2 CUILLERÉES À SOUPE DE PERSIL HACHÉ
- 2 CUILLERÉES À SOUPE D'HUILE D'OLIVE
- 2 GOUSSES D'AIL ÉCRASÉES
- 2 CUILLERÉES À CAFÉ DE MOUTARDE FORTE

- Prévoir des cercles de 8 cm de diamètre (voir note page 22).
- Couper le concombre en rondelles fines (2 mm), les saler et les faire égoutter.
- Monter les blancs d'œufs en neige.
- Dans un bol, bien mélanger le fromage blanc bien égoutté, les œufs en neige, le persil, la ciboulette, l'huile d'olive, la moutarde, les gousses d'ail écrasées. Saler et poivrer.
- Chemiser le fond et les parois des cercles (1 par assiette) de tranches de concombre. Remplir avec l'appareil. Recouvrir avec des tranches de concombre. Mettre au réfrigérateur pendant 3 heures.
- Servir en décorant avec du persil ou de la salade et en rajoutant éventuellement un filet d'huile d'olive.

NOIX DE SAINT-JACQUES MARINÉES À L'ANETH

POUR 4 PERSONNES
PRÉPARATION : 15 MINUTES
PAS DE CUISSON

- 4 À 6 NOIX DE SAINT-JACQUES PAR PERSONNE
- FLEUR DE SEL
- 1 BOUQUET D'ANETH
- POIVRE
- HUILE D'OLIVE

- Mettre les noix de Saint-Jacques dans un plat de telle manière qu'elles ne se touchent pas. Laisser ce plat au freezer pendant 15 à 20 minutes (le temps que les noix deviennent plus fermes sans pour autant geler).
- Avec un couteau bien aiguisé, émincer chaque noix en fines tranches de 2 mm d'épaisseur maximum.
- Couvrir chaque assiette avec ces tranches, en les faisant éventuellement se chevaucher (comme de grosses écailles) de sorte qu'elles recouvrent entièrement la surface de l'assiette.
- Saupoudrer de fleur de sel et poivrer. Ensuite, répandre l'huile d'olive sur l'ensemble en s'aidant éventuellement d'un pinceau.
- Parsemer d'aneth finement ciselé.
- Recouvrir de film alimentaire et servir une demi-heure plus tard au minimum.

PAILLASSON D'OIGNONS GRATINÉS

POUR 4 PERSONNES
PRÉPARATION : 15 MINUTES`
CUISSON : 20 MINUTES

- 8 OIGNONS
- 400 G DE GRUYÈRE RÂPÉ
- 8 TRANCHES DE BACON
- HUILE D'OLIVE
- POIVRE

- Peler et émincer les oignons.
- Les mettre à feu doux dans une grande poêle antiadhésive avec de l'huile d'olive. Remuer fréquemment et laisser cuire doucement jusqu'à ce qu'ils soient légèrement dorés. Poivrer.
- Dégraisser en les versant sur du papier absorbant.
- Dans des assiettes individuelles creuses allant au four, faire un lit d'oignons sur lequel on aura répandu 100 g de gruyère par assiette.
- Étendre les deux tranches de bacon à la surface.
- Mettre à 10 cm sous le gril du four préalablement chauffé (th. 8).
- Retirer dès que la gratinée est prête et servir.

PÂTÉ D'AVOCAT AUX CREVETTES

POUR 4 PERSONNES
PRÉPARATION : 15 MINUTES
CUISSON : 2 MINUTES

- 5 AVOCATS BIEN MÛRS
- 250 G DE CREVETTES DÉCORTIQUÉES
- 2 CITRONS
- 12 G D'AGAR-AGAR (ALGUE MARINE)
- 3 CUILLERÉES À SOUPE DE MONTBAZILLAC
- 1 CUILLERÉE À CAFÉ DE POIVRE VERT MOULU
- SEL, PIMENT DE CAYENNE

- Préparer les crevettes afin qu'elles soient bien égouttées.
- Mixer la pulpe des avocats avec le jus des citrons et le poivre vert.
- Faire fondre (en chauffant très légèrement) l'agar-agar dans le montbazillac.
- Bien mélanger le tout en assaisonnant (sel, pincée de piment).
- Verser dans un moule en tassant bien.
- Mettre au réfrigérateur pendant au moins 6 heures.
- Servir sur une salade avec une mayonnaise légère.

Sardines fraîches au vinaigre de Xérès

Pour 4 personnes
Préparation : 30 minutes
Pas de cuisson

- 1 kg de sardines fraîches
- 4 échalotes écrasées
- 4 ou 5 feuilles de laurier
- 1 verre de vinaigre de Xérès
- huile d'olive
- gros sel, poivre du moulin

- Préparer les sardines : les écailler et les vider sous le robinet. Leur couper la tête.
- Lever les filets en tirant le long de l'arête. Les passer à l'eau et les disposer dans un plat creux.
- Mélanger le vinaigre avec les échalotes et recouvrir les sardines.
- Disposer par-dessus les feuilles de laurier à plat.
- Répartir une cuillerée à soupe de gros sel.
- Laisser macérer 4 heures.
- Rincer ensuite les filets de sardines à l'eau et les mettre à égoutter sur du papier absorbant.
- Redisposer les filets dans un plat creux, les arroser d'huile d'olive et donner plusieurs tours de moulin à poivre.
- Servir en décorant avec des rondelles de citron.

V

SOUFFLÉ AU FROMAGE

POUR 4 PERSONNES
PRÉPARATION : 25 MINUTES
CUISSON : 20 MINUTES

- 6 ŒUFS
- 200 G DE FROMAGE RÂPÉ
- 4 CUILLERÉES À SOUPE DE CRÈME FRAÎCHE

- Séparer les jaunes et les blancs dans deux grands bols séparés.
- Mélanger les jaunes et le fromage râpé jusqu'à obtenir une crème homogène. Saler, poivrer.
- Fouetter légèrement la crème fraîche et la mélanger à la préparation précédente.
- Monter les blancs d'œufs en neige ferme (pour cela mettre une pincée de sel au départ). Les incorporer délicatement au mélange précédent avec la spatule.
- Verser la préparation dans un moule à soufflé préalablement huilé.
- Mettre à cuire dans un four préchauffé (th. 6 – 190 °C).
- Monter aussitôt la température (th. 8 – 250 °C) pour le faire gonfler et lui faire prendre une belle coloration.
- Surveiller sans ouvrir la porte du four, ce qui pourrait le faire retomber. Il devrait être prêt (hauteur et coloration optimale) au bout de 20 minutes.
- Servir immédiatement. Un soufflé n'attend jamais !

TERRINE DE FETA À LA CRÉTOISE

POUR 6 PERSONNES
PRÉPARATION : 30 MINUTES
CUISSON : 15 MINUTES

- 500 G DE FETA BIEN FRAÎCHE
- 3 POIVRONS ROUGES
- 3 GOUSSES D'AIL ÉCRASÉES
- 3 CUILLERÉES À SOUPE DE BASILIC CISELÉ (PLUS UNE VINGTAINE DE FEUILLES ENTIÈRES)
- 2 FEUILLES DE GÉLATINE (OU DE L'AGAR-AGAR)
- 20 CL D'HUILE D'OLIVE
- 10 CL DE CRÈME FRAÎCHE ÉPAISSE
- 10 OLIVES NOIRES DÉNOYAUTÉES, COUPÉES TRÈS FINEMENT
- 1 CUILLERÉE À SOUPE DE VINAIGRE BALSAMIQUE
- SEL, POIVRE DU MOULIN,
- THYM FRAIS

- Ouvrir les poivrons en deux. Retirer le pédoncule et les graines. Poser les poivrons sur une plaque sous le gril du four jusqu'à ce que leur peau noircisse et se boursoufle. Enlever la peau et découper les poivrons en lanières de 1 cm d'épaisseur.
- Dans une grande jarre, écraser la feta, puis bien la malaxer avec l'huile d'olive. Saler, poivrer généreusement.
- Tremper les feuilles de gélatine dans de l'eau froide. Faire légèrement chauffer la crème fraîche (sans porter à ébullition). Y mettre la gélatine essorée à fondre. Incorporer à la feta.
- Rajouter dans le bol les gousses d'ail, le vinaigre balsamique, le

basilic frais ciselé, le thym frais, les olives noires émincées. Bien mélanger jusqu'à obtention d'une pâte onctueuse.

- Dans un moule à cake tapissé de film étirable, disposer successivement une couche de fromage, une couche de poivrons, etc. Intercaler dans le montage deux couches de feuilles de basilic : une au milieu et l'autre pour terminer.
- Mettre au réfrigérateur pendant au moins 6 heures.
- Servir des tranches individuelles en décorant les assiettes avec des feuilles de basilic et du persil.

TERRINE DE FOIES DE VOLAILLE

POUR 5/6 PERSONNES
PRÉPARATION : 30 MINUTES
CUISSON : 65 MINUTES

- 600 G DE FOIES DE VOLAILLE
- 3 OIGNONS ÉMINCÉS
- 4 GOUSSES D'AIL ÉCRASÉES
- 500 G DE CHAMPIGNONS DE PARIS
- 20 CL DE CRÈME FLEURETTE
- 5 JAUNES D'ŒUFS
- HUILE D'OLIVE
- GRAISSE D'OIE
- HERBES DE PROVENCE
- SEL, POIVRE, PIMENT DE CAYENNE

- Dénerver les foies et les faire revenir à la graisse d'oie quelques minutes à feu doux dans une poêle antiadhésive. Saler, poivrer, pimenter et saupoudrer d'herbes de Provence. Réserver.
- Nettoyer les champignons, les émincer et les faire revenir à feu très doux dans de l'huile d'olive pour leur faire rendre le maximum d'eau. Jeter l'eau en cours de cuisson.
- Parallèlement, faire revenir les oignons émincés dans une poêle à feu très doux avec de l'huile d'olive.
- Dans un grand bol, récupérer (sans les graisses de cuisson) les foies, les champignons et les oignons. Rajouter l'ail, la crème fleurette et les jaunes d'œufs. Saler, poivrer et pimenter. Passer à la moulinette ou au mixer pour éliminer tous les morceaux.
- Verser dans un plat en grès allant au four. Saupoudrer d'herbes de Provence.
- Mettre au four (th. 5 – 160 °C) pendant 45 minutes.
- Servir en tranches sur un lit de salade, avec des cornichons.

TERRINE DE FOIES DE VOLAILLE AUX POIREAUX

POUR 4/5 PERSONNES
PRÉPARATION : 30 MINUTES
CUISSON : 50 MINUTES

- 10 BLANCS DE POIREAUX
- 600 G DE FOIES DE VOLAILLE
- 4 ÉCHALOTES ÉMINCÉES
- GELÉE INSTANTANÉE
- 1/2 VERRE DE XÉRÈS
- GRAISSE D'OIE
- 75 CL DE BOUILLON DE POULE
- HUILE D'OLIVE
- SEL, POIVRE, PIMENT DE CAYENNE

- Faire cuire les blancs de poireaux dans le bouillon de poule pendant 30 minutes. Égoutter et réserver les poireaux. Conserver le bouillon.
- Dans une poêle contenant 1 cuillerée à soupe de graisse d'oie, faire sauter à feu doux les foies de volaille avec les échalotes émincées. Saler, poivrer et pimenter. Déglacer légèrement au vinaigre de Xérès.
- Chemiser une terrine en faïence avec des blancs de poireaux en les plaçant horizontalement.
- Remplir la terrine en montant successivement les foies de volaille puis les poireaux restants.
- Préparer une gelée avec les 20 cl de bouillon restant.
- Couvrir la terrine avec la gelée tiède avant qu'elle ne commence à prendre. Bien tasser et mettre au réfrigérateur pendant 5 ou 6 heures.
- Démouler et couper des tranches de 1,5 cm d'épaisseur.
- Servir sur un lit de salade.

TERRINE DE LOTTE

POUR 6 PERSONNES
PRÉPARATION : 25 MINUTES
CUISSON : 1 HEURE

- 1,5 KG DE FILETS DE LOTTE (SANS PEAU NI ARÊTE CENTRALE)
- 8 ŒUFS
- 10 CL DE CRÈME FLEURETTE
- 2 CUILLERÉES À SOUPE DE CONCENTRÉ DE TOMATES
- 1 CUILLERÉE À SOUPE D'ESTRAGON FRAIS CISELÉ FINEMENT
- 5 CL DE COGNAC
- COURT-BOUILLON
- 1 CITRON
- SEL, POIVRE, PIMENT DE CAYENNE
- POUR LA MAYONNAISE :
- 1 JAUNE D'ŒUF
- 2 CUILLERÉES DE MOUTARDE FORTE
- 2/3 D'HUILE DE TOURNESOL
- 1/3 D'HUILE D'OLIVE
- 1 CUILLERÉE À CAFÉ DE CONCENTRÉ DE TOMATES

- Cuire la lotte 12 minutes dans le court-bouillon avec le jus de citron.
- Retirer et bien égoutter sur un torchon. Couper les filets en morceaux allongés.
- Battre les œufs avec le concentré de tomates et la crème fleurette. Ajouter le sel, le poivre, le piment de Cayenne, l'estragon et le cognac.

- Placer la lotte dans un moule à cake légèrement beurré et recouvrir de la préparation précédente.
- Mettre le moule au bain-marie à four moyen (th. 5 – 160 °C) préalablement chauffé, pendant 45 minutes environ. Vérifier la cuisson en enfonçant la pointe du couteau.
- Laisser refroidir et mettre au réfrigérateur pendant 5 à 6 heures au moins.
- Pour servir, démouler, couper des tranches que l'on disposera sur un lit de salade dans des assiettes individuelles avec en accompagnement la mayonnaise au concentré de tomates.

TIMBALES DE SAINT-JACQUES

POUR 4 PERSONNES
PRÉPARATION : 25 MINUTES
CUISSON : 1 HEURE

- 4 BELLES COQUILLES SAINT-JACQUES AVEC LEUR CORAIL (OU 8 PETITES)
- 2 PETITES BOÎTES DE BISQUE DE HOMARD DE 40 CL
- 3 JAUNES D'ŒUFS + 2 ŒUFS ENTIERS
- 20 CL DE CRÈME FLEURETTE
- SEL, POIVRE

- Séparer les noix de Saint-Jacques de leur corail.
- Passer le corail au mixer avec la crème fleurette.
- Faire chauffer la bisque de homard sans la faire bouillir.
- Rajouter la crème de corail et continuer la cuisson 2 minutes. Éteindre et laisser reposer 10 minutes. Réserver un tiers de la préparation, qui servira ultérieurement pour la sauce.
- Dans un grand bol, battre 2 œufs entiers plus 2 jaunes. Verser lentement les deux tiers de la préparation précédente, sans cesser de fouetter.
- Remettre à feu très doux (ou mieux encore au bain-marie) pour faire épaissir un peu le mélange, qui doit obligatoirement rester crémeux. Ne pas cesser de remuer avec le fouet. Rectifier l'assaisonnement.
- Remplir des gros ramequins dans lesquels on aura mis la (les) noix de Saint-Jacques. Faire cuire au bain-marie pendant 30 minutes au four (th. 4 – 130 °C).
- Avant de servir, mettre le premier tiers de la préparation au bain-marie. Ajouter un jaune d'œuf et faire légèrement épaissir la sauce à feu très doux tout en remuant avec le fouet. Rectifier l'assaisonnement de la sauce.

- Démouler les ramequins sur des assiettes chaudes et napper de la sauce.

NOTE :
Les timbales peuvent être éventuellement stockées dans le réfrigérateur et réchauffées au dernier moment au micro-ondes ou à four très doux (th. 2/3 – 100 °C).

V

TOMATES FARCIES À LA SEMOULE INTÉGRALE

POUR 4 PERSONNES
PRÉPARATION : 15 MINUTES
CUISSON : 1 HEURE

- 8 BELLES TOMATES
- 120 G DE SEMOULE INTÉGRALE
- 10 GOUSSES D'AIL
- 16 OLIVES NOIRES DÉNOYAUTÉES
- 3 CUILLERÉES À SOUPE DE PERSIL HACHÉ
- HUILE D'OLIVE, SEL, POIVRE, PIMENT DE CAYENNE, RAS-EL-HANOUT

- Couper les tomates en deux horizontalement et les creuser légèrement à la cuiller en récupérant la chair dans un saladier.
- Disposer les demi-tomates sur la lèchefrite et mettre au four (th. 5 – 160 °C) pendant 30 minutes. Réserver.
- Dans le saladier, écraser la chair des tomates, rajouter les gousses d'ail écrasées, les olives noires dénoyautées et réduites en purée, le persil haché, trois cuillerées d'huile d'olive et la semoule intégrale.
- Saler, poivrer, rajouter le piment de Cayenne et quelques pincées de ras-el-hanout. Bien mélanger le tout et laisser gonfler 1 heure au moins.
- Farcir les demi-tomates et remettre au four (th. 5) pendant 25 à 30 minutes.
-

SOUPES

V

CONSOMMÉ DE TOMATES

POUR 4 PERSONNES
PRÉPARATION : 15 MINUTES
CUISSON : 25 MINUTES

- 1 KG DE TOMATES
- 3 GOUSSES D'AIL ÉCRASÉES
- 3 ÉCHALOTES ÉMINCÉES
- 2 BRANCHES DE BASILIC
- 2 POINTES D'ORIGAN
- SEL, POIVRE DU MOULIN

- Dans une casserole, faire revenir l'ail et l'échalote à feu très doux dans 1 cuillerée à soupe d'huile d'olive.
- Ébouillanter les tomates pendant 1 minute. Les peler et les épépiner. Couper la pulpe en morceaux et mettre dans la casserole. Saler.
- Effeuiller le basilic et réserver les feuilles. Ciseler les tiges et les ajouter dans la casserole, ainsi que l'origan.
- Monter la température puis laisser mijoter 10 minutes en couvrant aux trois quarts pour éviter les projections.
- Mixer.
- Vérifier l'assaisonnement en sel. Ajouter le poivre et les feuilles de basilic finement ciselées.
- Faire éventuellement réchauffer et servir.

V

CRÈME DE SOJA AUX ÉCHALOTES

POUR 4 PERSONNES
PRÉPARATION : 15 MINUTES
CUISSON : 20 MINUTES

- 10 ÉCHALOTES
- 30 CL DE VIN BLANC SEC
- 40 CL DE CRÈME DE SOJA
- HUILE D'OLIVE
- FLEUR DE SEL
- POIVRE, PIMENT DE CAYENNE
- HERBES DE PROVENCE

- Couper les échalotes en petits morceaux. Les mettre dans le mixer avec 3 cuillerées à soupe d'huile d'olive pour faire une purée.
- Faire revenir cette purée à feu très doux dans un faitout pendant 5 à 6 minutes sans jamais la faire brunir.
- Ajouter le vin blanc et porter à ébullition. Ajouter 1 cuillerée à café d'herbes de Provence et laisser cuire à petits bouillons pendant 5 minutes. Réserver à feu doux.
- Ajouter la crème de soja, 1 cuillerée à café de fleur de sel et deux pointes de piment de Cayenne. Laisser chauffer pendant 4 ou 5 minutes à feu très doux (la crème de soja peut coaguler à forte température).
- Servir chaud dans des assiettes creuses.

V

GASPACHO ANDALOU

POUR 5 PERSONNES
PRÉPARATION : 15 MINUTES
CUISSON : 40 MINUTES

- 1 GROS CONCOMBRE
- 1 COURGETTE
- 2 KG DE TOMATES
- 2 POIVRONS ROUGES
- 2 OIGNONS ÉMINCÉS
- 5 GOUSSES D'AIL ÉCRASÉES
- LE JUS DE 3 CITRONS
- 12 FEUILLES DE BASILIC FRAIS
- 5 CUILLERÉES À SOUPE D'HUILE D'OLIVE
- SEL, POIVRE, PIMENT DE CAYENNE

- Couper la courgette aux deux bouts puis, dans la longueur. Épépiner. Mettre à cuire à la vapeur pendant 30 minutes. Laisser refroidir.
- Ébouillanter les tomates pendant 2 minutes pour faire éclater la peau. Les peler, les ouvrir et les épépiner.
- Couper les poivrons en deux, dégager l'intérieur et mettre sur une plaque sous le gril du four jusqu'à ce que la peau se colore et se boursoufle, ce qui permet de les peler facilement.
- Dans un mixer, mettre la moitié du concombre, la courgette, la moitié du poivron, les trois quarts des tomates, les oignons, l'ail, l'huile d'olive, le jus de citron. Saler, poivrer, pimenter. Si le mélange est trop épais, l'allonger éventuellement avec du jus de tomate. Mettre au réfrigérateur pendant au moins 4 heures.
- Avant de servir, couper en petits dés le reste du concombre, des tomates et du poivron coupés en dés. Présenter à part en accompagnement du gaspacho.

SOUPE À L'OSEILLE

POUR 4 PERSONNES
PRÉPARATION : 15 MINUTES
CUISSON : 20 MINUTES

- 300 G D'OSEILLE
- 15 CL DE VIN BLANC SEC
- 2 ÉCHALOTES ÉMINCÉES FINEMENT
- 25 CL DE BOUILLON DE VOLAILLE INSTANTANÉ
- 100 G DE CRÈME FRAÎCHE
- 2 JAUNES D'ŒUFS
- SEL, POIVRE DU MOULIN
- HUILE D'OLIVE

- Mettre 1 cuillerée d'huile d'olive dans un faitout. Faire revenir à feu doux les échalotes puis mouiller avec le vin blanc. Saler, poivrer. Laisser réduire d'un tiers à petits bouillons.
- Laver l'oseille. Couper les feuilles en deux et les mettre dans la réduction de vin blanc. Couvrir et laisser au chaud sur le diffuseur.
- Dans un autre récipient, porter le bouillon de volaille à ébullition.
- Dans un bol métallique, mélanger la crème fraîche et les jaunes d'œufs. Ajouter le bouillon progressivement, sans cesser de tourner avec le fouet.
- Verser la réduction à l'oseille dans le bouillon, remuer et vérifier l'assaisonnement.
- Tenir au chaud au bain-marie avant de servir.

SOUPE AU CHOU

POUR 6 PERSONNES
PRÉPARATION : 5 MINUTES
CUISSON : 2 HEURES 15

- 1 GROS CHOU
- 200 G DE LARD FUMÉ
- 300 G DE JAMBON DE PAYS COUPÉ ÉPAIS (1 CM)
- 200 G DE LARD MAIGRE
- 4 NAVETS
- 2 OIGNONS
- POIVRE

- Remplir un grand faitout avec 3 litres d'eau.
- Y plonger le jambon, le lard fumé et le lard maigre.
- Porter à ébullition. Avec une écumoire, retirer la mousse blanchâtre qui se forme à la surface.
- Enlever les feuilles défraîchies du chou, dégarnir le trognon en l'évidant en forme de cône et couper le chou en quatre. L'ajouter dans le faitout, avec les navets et les oignons épluchés. Poivrer. Réduire le feu, couvrir et laisser cuire pendant 2 bonnes heures.
- Retirer la viande et la moitié des légumes, ce qui constituera un éventuel plat de résistance.
- Passer le reste (jus et légumes) au mixer pour faire le potage.
- Servir bien chaud.

V

SOUPE AU PISTOU

POUR 5/6 PERSONNES
PRÉPARATION : 30 MINUTES
CUISSON : 1 HEURE 10

- 1 KG DE HARICOTS FRAIS À ÉCOSSER (OU DE HARICOTS SECS AYANT TREMPÉ UNE NUIT)
- 150 G DE HARICOTS MANGE-TOUT
- 300 G DE COURGETTES
- 4 TOMATES BIEN MÛRES
- 2 GROS OIGNONS
- 4 GOUSSES D'AIL
- 1 CUILLERÉE À SOUPE DE BASILIC FRAIS HACHÉ
- SEL, POIVRE
- 150 G DE PARMESAN OU D'EMMENTAL RÂPÉ
- POUR LE PISTOU :
- 4 BELLES TOMATES BIEN MÛRES
- 4 CUILLERÉES À SOUPE DE BASILIC FRAIS HACHÉ
- 5 GOUSSES D'AIL
- 10 CL D'HUILE D'OLIVE

- Effiler les haricots mange-tout et les laver.
- Couper les courgettes en deux, puis les tronçonner en morceaux de 2 ou 3 cm.
- Émincer les oignons et écraser les gousses d'ail.
- Ébouillanter les tomates 10 secondes. Les peler, les couper en deux et les épépiner. Hacher grossièrement la pulpe.
- Dans une grosse marmite, mettre les haricots, les courgettes, les oignons, l'ail, la tomate et le basilic. Couvrir d'eau et saler.

- Porter à ébullition et laisser cuire à feu doux pendant 1 bonne heure.
- Pendant ce temps, préparer le pistou : ébouillanter les tomates 10 secondes, les peler, les couper en deux et les épépiner, hacher la pulpe et laisser égoutter.
- Couper les gousses d'ail en quatre.
- Mixer ensemble les tomates, l'ail, le basilic, l'huile d'olive. Saler et poivrer.
- Lorsque la soupe est cuite et prête à servir, ajouter le pistou, mélanger et servir en saupoudrant l'assiette de fromage râpé.

SOUPE AUX PISSENLITS

POUR 4 PERSONNES
PRÉPARATION : 15 MINUTES
CUISSON : 30 MINUTES

- 300 G DE PISSENLITS
- 3 NAVETS
- 2 OIGNONS
- 6 GOUSSES D'AIL
- 1 CUILLERÉE À SOUPE DE GRAISSE D'OIE
- 2 CUILLERÉES À SOUPE D'HUILE D'OLIVE
- SEL, POIVRE

- Laver les pissenlits.
- Émincer l'ail et l'oignon. Dans une cocotte, les faire revenir à feu très doux dans l'huile d'olive.
- Rajouter 75 cl d'eau et y plonger les pissenlits et les navets coupés en gros cubes. Saler, poivrer, et faire cuire à petit feu pendant 20 minutes.
- Passer au mixer et ajouter la graisse d'oie.
- Rectifier l'assaisonnement et laisser chauffer encore 5 minutes avant de servir.

Soupe de choucroute

Pour 4 personnes
Préparation : 15 minutes
Cuisson : 1 heure

- 300 g de choucroute crue
- 75 cl de bouillon de viande instantané
- 2 oignons émincés
- 1 feuille de laurier
- 20 cl de crème fleurette
- huile d'olive
- sel, poivre

- Laver la choucroute dans deux eaux différentes et l'égoutter. La faire blanchir 10 minutes dans l'eau bouillante.
- Dans un faitout, faire revenir les oignons émincés à feu très doux dans de l'huile d'olive. Rajouter ensuite la choucroute. Quand cette dernière a pris une légère couleur, passer le tout au mixer en mouillant avec un peu de bouillon.
- Remettre cette purée dans le faitout de cuisson, en ajoutant le reste du bouillon et le laurier. Laisser cuire à petit feu pendant 40 minutes.
- Ajouter la crème fleurette dans les 5 dernières minutes.
- Rectifier l'assaisonnement et servir.

Soupe de moules à la crème

Pour 4 personnes
Préparation : 15 minutes
Cuisson : 20 minutes

- 1 litre de moules
- 4 grosses échalotes
- 20 cl de vin blanc sec
- le jus d'1 citron
- 150 g de crème fraîche
- huile d'olive
- 3 cuillerées à soupe de persil frais haché
- sel, poivre du moulin

- Faire nettoyer les moules chez le poissonnier.
- Émincer les échalotes très finement. Les faire revenir à feu doux dans un faitout avec de l'huile d'olive.
- Mouiller avec le vin blanc. Saler, poivrer et laisser cuire pendant 1 à 2 minutes.
- Ajouter les moules et les faire ouvrir à couvert pendant 5 minutes à feu maximum.
- Retirer les moules avec l'écumoire et les sortir de leur coquille. Les réserver au chaud.
- Ajouter le citron au jus de cuisson, ainsi que le persil. Donner quelques tours de moulin à poivre, puis ajouter la crème. Faire cuire 3 minutes à tout petit bouillon.
- Remettre les moules dans le potage, laisser chauffer 2 minutes à feu doux et servir.

V

VELOUTÉ D'AIL

POUR 4 PERSONNES
PRÉPARATION : 20 MINUTES
CUISSON : 30 MINUTES

- 4 BELLES TÊTES D'AIL (SOIT ENVIRON 20 GOUSSES)
- 2 COURGETTES
- 40 CL DE CRÈME FLEURETTE (À 15 % DE MG)
- SEL, POIVRE, PIMENT DE CAYENNE
- 2 CUILLERÉES À SOUPE D'HUILE D'OLIVE
- 2 CUILLERÉES À SOUPE DE PERSIL FRAÎCHEMENT HACHÉ

- Faire cuire les gousses d'ail épluchées dans le cuit-vapeur pendant 20 minutes.
- À l'autre étage du cuit-vapeur, faire cuire les courgettes après les avoir coupées en deux, épépinées et tronçonnées en morceaux de 3 à 4 cm.
- Passer au mixer l'ail, les courgettes, la crème fleurette, l'huile d'olive. Saler, poivrer et mettre une pincée de piment de Cayenne.
- Réchauffer à petit feu en allongeant si nécessaire avec un peu de lait.
- Saupoudrer chaque assiette de persil avant de servir.

VELOUTÉ DE CHAMPIGNONS À LA CRÈME DE SOJA

POUR 4 PERSONNES
PRÉPARATION : 30 MINUTES
CUISSON : 65 MINUTES

- 500 G DE CHAMPIGNONS DE PARIS
- 2 ÉCHALOTES ÉMINCÉES
- 1 OIGNON ÉMINCÉ
- 20 CL DE CRÈME DE SOJA
- 1 CUBE DE BOUILLON DE VOLAILLE INSTANTANÉ
- HUILE D'OLIVE
- SEL, POIVRE, CURRY
- 1 GROS BOUQUET DE PERSIL

- Nettoyer les champignons. Les couper en deux et les mettre à cuire dans 1 litre d'eau salée pendant 35 minutes. Réserver les champignons et continuer à faire réduire le liquide pendant 10 minutes, après avoir ajouté le cube de bouillon de volaille.
- Dans un faitout, verser de l'huile d'olive et faire fondre à feu très doux l'oignon et les échalotes.
- Mouiller avec 25 cl de bouillon de volaille. Faire réduire à petits bouillons pendant 5 à 10 minutes.
- Passer les champignons au mixer avec la crème de soja, puis mettre cette purée dans le faitout. Laisser cuire à feu très doux pendant 4 à 5 minutes.
- Désépaissir si nécessaire avec le reste de bouillon de volaille. Saler, poivrer et rajouter une pointe de curry.
- Servir chaud en parsemant les assiettes de persil fraîchement haché.

V

VELOUTÉ DE CONCOMBRE AU YAOURT GREC

POUR 4 PERSONNES
PRÉPARATION : 20 MINUTES
PAS DE CUISSON

- 2 CONCOMBRES
- 2 TOMATES
- 4 YAOURTS GRECS
- LE JUS DE 2 CITRONS
- 1 CUILLERÉE À SOUPE D'HUILE D'OLIVE
- 5 FEUILLES DE MENTHE FRAÎCHE
- 1 BOTTE DE PERSIL
- SEL, POIVRE

- Ébouillanter les tomates pendant 1 minute. Les peler et les épépiner après les avoir coupées en quatre. Couper la pulpe en petits dés et réserver.
- Éplucher les concombres, enlever les pépins. Passer au mixer en rajoutant le yaourt, le jus de citron, la menthe, l'huile d'olive, le sel et le poivre.
- Laisser au réfrigérateur pendant 5 heures au moins.
- Servir glacé en disposant harmonieusement les dés de tomates sur le velouté et en parsemant de persil fraîchement haché.

VELOUTÉ DE CREVETTTES

POUR 4/5 PERSONNES
PRÉPARATION : 25 MINUTES
CUISSON : 30 MINUTES

- 800 G DE CREVETTES CUITES
- 2 OIGNONS ÉMINCÉS
- 2 BRANCHES DE CÉLERI
- 25 CL DE VIN BLANC
- 1 BRANCHE DE THYM
- 1 FEUILLE DE LAURIER
- 150 G DE CRÈME FRAÎCHE
- 2 JAUNES D'ŒUFS
- HUILE D'OLIVE

- Couper les branches de céleri en petits morceaux.
- Décortiquer les crevettes.
- Dans une cocotte, faire chauffer 3 cuillerées à soupe d'huile d'olive à feu moyen. Ajouter les oignons, le céleri, le thym et le laurier. Faire revenir 3 ou 4 minutes en tournant, puis ajouter les crevettes. Continuer la cuisson 3 minutes. Verser le vin blanc, couvrir et cuire pendant 10 minutes à feu doux.
- Retirer le thym et le laurier. Passer le reste au mixer. Remettre dans le faitout en rajoutant 75 cl d'eau. Saler, poivrer. Faire cuire à feu doux pendant 5 minutes.
- Battre les jaunes d'œufs dans un saladier avec la crème fraîche. Puis verser progressivement la soupe aux crevettes chaude sans cesser de battre avec le fouet.
- Servir dans des assiettes chaudes.

VELOUTÉ DE POIREAUX

POUR 4 PERSONNES
PRÉPARATION : 15 MINUTES
CUISSON : 35 MINUTES

- 5 OU 6 BEAUX POIREAUX
- 20 CL DE CRÈME DE SOJA
- 1 CUBE 1/2 DE BOUILLON DE VOLAILLE
- 1 BOUQUET DE PERSIL
- SEL, POIVRE

- Bien nettoyer les poireaux et ne garder que le minimum de vert.
- Les couper en tronçons de 3 à 4 cm de long.
- Mettre dans le cuit-vapeur et faire cuire pendant 30 minutes.
- Pendant ce temps, préparer 75 cl de bouillon de volaille.
- Passer les poireaux au mixer avec un peu de bouillon.
- Dans la casserole du bouillon, verser la purée de poireaux et la crème de soja. Saler, poivrer.
- Servir chaud en parsemant de persil haché.

V

VELOUTÉ GLACÉ AU CONCOMBRE

POUR 4 PERSONNES
PRÉPARATION : 10 MINUTES
PAS DE CUISSON

- 1 BEAU CONCOMBRE
- 500 G DE YAOURT GREC
- 100 G DE POUDRE D'AMANDES
- 2 GOUSSES D'AIL ÉCRASÉES
- 3 CUILLERÉES À SOUPE D'HUILE D'OLIVE
- 20 CL DE CRÈME FLEURETTE
- SEL, POIVRE BLANC
- PERSIL

- Peler le concombre. Le couper dans la longueur, l'épépiner et le découper en dés. Saler et faire égoutter 10 minutes. Passer au mixer.
- Dans un grand bol, mélanger la purée de concombre, le yaourt, la poudre d'amandes, l'ail écrasé, l'huile d'olive et la crème fleurette. Saler, poivrer.
- Mettre au réfrigérateur pendant au moins 6 heures.
- Servir dans des assiettes froides et parsemer de persil fraîchement haché.

ŒUFS

V

BROUILLADE D'OSEILLE

POUR 4 PERSONNES
PRÉPARATION : 15 MINUTES
CUISSON : 15 MINUTES

- 300 G D'OSEILLE
- 20 CL DE CRÈME FLEURETTE
- 4 ŒUFS
- 2 CUILLERÉES À SOUPE DE CRÈME FRAÎCHE
- SEL, POIVRE DU MOULIN
- HUILE D'OLIVE

- Laver l'oseille et l'essorer. Bien trier les feuilles.
- Les faire fondre à feu très doux dans une sauteuse avec de l'huile d'olive. Ajouter la crème fraîche, saler, poivrer et réserver au chaud.
- Monter la crème fleurette en Chantilly.
- Casser les œufs dans un grand bol métallique, saler, poivrer. Battre jusqu'à ce qu'ils deviennent mousseux.
- Mettre le bol au bain-marie et faire cuire en fouettant constamment.
- Avant qu'ils ne commencent à prendre complètement, incorporer progressivement la crème Chantilly. Continuer la cuisson.
- Étaler l'oseille dans le fond des assiettes et déposer les œufs dessus.

BROUILLADE DE TRUFFES

POUR 4 PERSONNES
PRÉPARATION : 15 MINUTES
CUISSON : 15 MINUTES

- 10 ŒUFS
- 20 G DE MIETTES DE TRUFFE EN BOÎTE
- 70 G DE GRAISSE D'OIE
- SEL, POIVRE

- Séparer les jaunes des blancs. Monter les blancs en neige dans un grand bol métallique et remélanger avec les jaunes. Saler et poivrer. Ajouter les miettes de truffe et leur jus.
- Placer le bol au bain-marie et procéder à la cuisson en tournant sans cesse au fouet et en ajoutant progressivement la graisse d'oie.
- Dès que la préparation est bien prise mais encore légèrement crémeuse, verser dans le plat de service et servir immédiatement.

ŒUFS AU PLAT ET JAMBON DE PAYS

POUR 4 PERSONNES
PRÉPARATION : 2 MINUTES
CUISSON : 10 MINUTES

- 8 BEAUX ŒUFS FERMIERS
- 8 TRANCHES DE JAMBON DE PAYS FINEMENT COUPÉES
- GRAISSE D'OIE
- SEL, POIVRE DU MOULIN

- Dans des poêles individuelles, faire cuire les œufs par deux dans la graisse d'oie. Le feu doit être très doux pour éviter tout phénomène de friture.
- Saler avec de la fleur de sel et poivrer avec un tour de moulin.
- Dresser les tranches de jambon sur des assiettes individuelles et disposer les œufs dessus.

ŒUFS BROUILLÉS AUX CREVETTES

POUR 4 PERSONNES
PRÉPARATION : 20 MINUTES
CUISSON : 20 MINUTES

- 350 G DE CREVETTES
- 6 ŒUFS
- 1 ÉCHALOTE ÉMINCÉE
- 2 CUILLERÉES À SOUPE D'ANETH CISELÉ
- SEL, POIVRE DU MOULIN
- 1 CUILLERÉE À SOUPE D'HUILE D'OLIVE

- Faire cuire les crevettes 3 à 4 minutes au court-bouillon et les décortiquer.
- Dans une casserole, faire revenir l'échalote avec de l'huile d'olive pendant 3 minutes environ.
- Mouiller avec le vin blanc, saler, poivrer. Faire réduire d'un tiers et réserver. Ajouter les crevettes, mélanger et réserver au chaud.
- Battre les œufs dans un bol métallique. Saler, poivrer. Les faire cuire au bain-marie en fouettant constamment.
- Disposer les œufs brouillés sur le plat de service chaud et napper avec la préparation aux crevettes.
- Saupoudrer avec l'aneth et servir.

V

ŒUFS BROUILLÉS AUX POIVRONS

POUR 4 PERSONNES
PRÉPARATION : 15 MINUTES
CUISSON : 25 MINUTES

- 10 ŒUFS
- 2 POIVRONS ROUGES
- HERBES DE PROVENCE
- HUILE D'OLIVE
- SEL, POIVRE, PIMENT DOUX D'ESPAGNE

- Couper les poivrons en deux et éliminer le pédoncule et les graines.
- Mettre les demi-poivrons sous le gril du four jusqu'à ce que la peau noircisse légèrement et se boursoufle.
- Laisser tiédir et peler.
- Passer la chair des poivrons au mixer.
- Dans un bol, battre les œufs après les avoir assaisonnés (sel, poivre, piment) et bien les mélanger avec la purée de poivrons.
- Faire cuire à feu doux dans une poêle avec de l'huile d'olive (ou mieux encore au bain-marie) sans cesser de remuer.
- Servir en saupoudrant légèrement d'herbes de Provence et avec un filet d'huile d'olive.

ŒUFS COCOTTE À L'ESTRAGON

POUR 4 PERSONNES
PRÉPARATION : 15 MINUTES
CUISSON : 18 MINUTES

- 8 ŒUFS COQUE (TRÈS FRAIS)
- 3 TRANCHES TRÈS FINES DE JAMBON DE PAYS
- 8 CUILLERÉES À SOUPE DE CRÈME FRAÎCHE
- 1 BOUQUET D'ESTRAGON

- Effeuiller l'estragon et le ciseler finement.
- Hacher très finement le jambon.
- Beurrer des ramequins suffisamment grands pour contenir chacun 2 œufs.
- Répartir la moitié de l'estragon dans les ramequins. Casser les œufs par-dessus.
- Dans un bol, mélanger la crème fraîche, le jambon et le reste d'estragon. Saler, poivrer.
- Verser au-dessus des œufs dans chaque ramequin.
- Faire cuire au bain-marie pendant 5 à 8 minutes dans un four préalablement chauffé (th. 4 – 120 °C).

ŒUFS EN GELÉE À L'ESTRAGON

POUR 4 PERSONNES
PRÉPARATION : 15 MINUTES
CUISSON : 20 MINUTES

- 8 ŒUFS
- 2 TRANCHES DE JAMBON BLANC EXTRA
- 1 SACHET DE GELÉE EN POUDRE
- 16 FEUILLES D'ESTRAGON
- 10 CL DE VINAIGRE BLANC
- SEL, POIVRE

- Mettre à bouillir 1/2 litre d'eau dans une grande casserole.
- Ajouter le vinaigre blanc, du sel et du poivre.
- Casser chaque œuf dans une louche et la plonger dans l'eau bouillante pour y déposer l'œuf. Laisser pocher les œufs 3 minutes. Les sortir avec une écumoire et les égoutter. Laisser refroidir.
- Préparer la gelée instantanée selon les indications inscrites sur le sachet. Laisser tiédir et verser 1/2 cm de liquide dans le fond de 8 petits moules (ou ramequins).
- Mettre au freezer quelques minutes pour que la gelée prenne plus vite.
- Déposer un œuf poché dans chaque moule. Ajouter deux feuilles d'estragon, puis un morceau de jambon blanc du même diamètre que le moule. Recouvrir avec la gelée restante.
- Laisser prendre au réfrigérateur pendant 3 heures et démouler en trempant le fond des moules 5 secondes dans l'eau bouillante.
- Remettre au frais en attente ou servir sur un lit de salade.

V

ŒUFS FARCIS À LA TAPENADE

POUR 4 PERSONNES
PRÉPARATION : 15 MINUTES
CUISSON : 10 MINUTES

- 6 ŒUFS
- 1 POT DE 40 G DE TAPENADE
- 1 CUILLERÉE À SOUPE D'HUILE D'OLIVE
- FEUILLES DE SALADE VERTE
- BOUQUET DE PERSIL

- Faire durcir les œufs pendant 10 minutes dans de l'eau bouillante. Les refroidir ensuite dans de l'eau fraîche.
- Enlever la coquille et les couper en deux dans le sens de la longueur. Retirer les jaunes avec une petite cuiller et déposer les demi-blancs dans le plat de service sur des feuilles de salade.
- Écraser les jaunes à la fourchette, ajouter la tapenade et l'huile d'olive. Bien mélanger jusqu'à l'obtention d'une pâte onctueuse.
- Avec une petite cuiller, remplir les demi-blancs avec cette préparation.
- Parsemer de persil frais haché et servir, ou tenir au frais avant de se mettre à table.

ŒUFS MIMOSA AU THON

POUR 4 PERSONNES
PRÉPARATION : 15 MINUTES
CUISSON : 10 MINUTES

- 6 ŒUFS
- 100 G DE MAYONNAISE CLASSIQUE
- 100 G DE THON AU NATUREL EN BOÎTE
- 1 CUILLERÉE À SOUPE DE PERSIL HACHÉ
- 8 FILETS D'ANCHOIS
- 12 OLIVES

- Faire durcir les œufs dans de l'eau bouillante pendant 10 minutes. Les plonger quelques minutes dans l'eau froide. Enlever la coquille.
- Couper les œufs en deux dans le sens de la longueur. Retirer les jaunes.
- Écraser les œufs avec une fourchette pour faire le mimosa. Réserver.
- Égoutter le thon, l'émietter à la fourchette et le mixer avec la mayonnaise, le quart du mimosa et le persil haché.
- Avec une petite cuiller, remplir les demi-blancs d'œufs.
- Disposer 3 demi-œufs garnis dans chaque assiette. Saupoudrer avec le reste de mimosa. Poser les filets d'anchois et décorer avec les olives.

V

ŒUFS POCHÉS À LA PROVENÇALE

POUR 4 PERSONNES
PRÉPARATION : 10 MINUTES
CUISSON : 15 MINUTES

- 8 ŒUFS TRÈS FRAIS
- 500 G DE PURÉE DE TOMATES
- 4 GOUSSES D'AIL
- 4 CUILLERÉES À SOUPE D'HUILE D'OLIVE
- 1 CUILLERÉE À SOUPE D'HERBES DE PROVENCE
- 1 CUILLERÉE À SOUPE DE BASILIC FRAIS
- SEL, POIVRE, VINAIGRE DE VIN

- Sur un diffuseur à feu très bas, faire chauffer dans une casserole la purée de tomates, les gousses d'ail écrasées, les herbes de Provence et le basilic. Saler, poivrer. Remuer constamment avec une cuiller en bois pour éviter les projections. Lorsque le coulis est chaud, laisser mijoter à couvert et à feu doux.
- Faire bouillir 2 litres d'eau avec 2 cuillerées à soupe de vinaigre et 1/4 de cuillerée à café de sel.
- Casser les œufs un par un dans une louche. Verser doucement dans l'eau (au ras du liquide) ou plonger directement la louche dans l'eau en la retournant rapidement pour éviter que le blanc ne s'effiloche.
- Laisser frémir 3 minutes 30 à feu doux. Les sortir avec une écumoire et les déposer dans un plat recouvert d'un torchon pour qu'ils s'égouttent bien. On peut aussi les ébarber pour leur donner meilleure allure.
- Avant de servir, rajouter l'huile d'olive dans la sauce tomate et remuer activement pour bien mélanger.
- Servir sur des assiettes chaudes en nappant les œufs pochés de sauce tomate.

OMELETTE AU THON

POUR 4 PERSONNES
PRÉPARATION : 15 MINUTES
CUISSON : 10 MINUTES

- 8 ŒUFS
- 200 G DE THON AU NATUREL
- 20 CL DE CRÈME FLEURETTE
- 2 CUILLERÉES À SOUPE DE PERSIL FRAIS HACHÉ
- HUILE D'OLIVE

- Égoutter le thon et l'émietter très finement.
- Séparer les blancs des jaunes dans deux saladiers différents.
- Monter les blancs en neige ferme.
- Battre les jaunes avec la crème fleurette. Rajouter le thon et le persil.
- Mélanger délicatement avec les blancs en neige.
- Faire chauffer une cuillerée à soupe d'huile d'olive dans une grande poêle.
- Y verser la préparation et faire cuire l'omelette normalement.
- Servir quand elle est encore baveuse.

Tortilla à la Montignac

Pour 4 personnes
<u>Préparation</u> : 20 minutes
<u>Cuisson</u> : 15 minutes

- 8 œufs
- 2 oignons hachés finement
- 4 gousses d'ail finement hachées
- 3 courgettes coupées en rondelles fines
- 3 cuillerées à soupe de persil frais haché
- 250 g de tomates coupées en cubes et bien égoutées
- (ou en boîte)
- 200 g de mozzarella
- herbes de Provence
- huile d'olive
- sel, poivre, piment de Cayenne

- Dans une très grande poêle à frire, faire revenir à feu doux l'oignon et l'ail dans de l'huile d'olive. Ajouter les courgettes et les faire sauter en rajoutant éventuellement de l'huile d'olive et en veillant à ce que l'ail et l'oignon ne brunissent pas.
- Battre les œufs en les assaisonnant avec sel, poivre et piment de Cayenne et en incorporant le persil.
- Verser les œufs dans la poêle et mettre à feu doux sans remuer.
- Pendant la cuisson, disposer les cubes de tomates de façon uniforme. Préchauffer le gril du four (th. 8).
- Aux trois quarts de la cuisson, saupoudrer d'herbes de Provence et disposer la mozzarella coupée en fines lamelles (2 à 3 mm).
- Finir la cuisson au four, en plaçant la poêle 10 cm au-dessous du gril (la queue restant à l'extérieur).
- Servir en arrosant d'huile d'olive pimentée.

PLATS PRINCIPAUX

BLANQUETTE DE VEAU À LA MONTIGNAC

POUR 5 PERSONNES
PRÉPARATION : 30 MINUTES
CUISSON : 1 HEURE 15

- 1,5 KG D'ÉPAULE DE VEAU SANS GRAS ET SANS OS
- 1 KG DE CHAMPIGNONS DE PARIS
- 8 POIREAUX
- 3 OIGNONS
- 4 GOUSSES D'AIL
- 1 BOUQUET GARNI
- 3 CUBES DE CONCENTRÉ DE BOUILLON DE VEAU
- 40 CL DE CRÈME FLEURETTE
- 2 JAUNES D'ŒUFS
- LE JUS DE 2 CITRONS
- 3 CUILLERÉES À SOUPE DE PERSIL FRAIS HACHÉ

- Dans une casserole, faire 1,5 litre de bouillon de veau. Réserver.
- Préparer les légumes : laver et tronçonner les poireaux, nettoyer les champignons et les émincer. Émincer les oignons et l'ail.
- Faire revenir les morceaux de viande à feu doux dans une cocotte avec de la graisse d'oie. Saler et poivrer.
- Disposer tous les légumes sur la viande ainsi que le bouquet garni.
- Recouvrir de bouillon et porter à ébullition. Laisser cuire à feu doux pendant 1 heure 15.
- Avec une écumoire, récupérer l'équivalent d'un gros bol de légumes (champignons, poireaux, oignons). Bien les égoutter et les passer au mixer pour en faire une purée.
- Mettre cette purée à feu très doux dans une casserole avec la crème fleurette. Rajouter 2 jaunes d'œufs et remuer sans cesse

avec le fouet pendant quelques minutes. Dès que la crème commence à épaissir, sortir de la flamme et continuer à tourner pendant 1 à 2 minutes.

- Vider grossièrement les trois quarts du bouillon de la cocotte, pour qu'il ne reste que la viande, les légumes et un fond de liquide de cuisson. Retirer le bouquet garni.
- Verser la sauce par-dessus et bien mélanger, en laissant au chaud pour maintenir à température sans poursuivre la cuisson.
- Servir dans des assiettes chaudes.

NOTE :
Ce plat comportant beaucoup de légumes, il n'est pas nécessaire de prévoir un autre accompagnement.

BOURGUIGNON

POUR 5 PERSONNES
PRÉPARATION : 15 MINUTES
CUISSON : 2 HEURES 50

ACCOMPAGNEMENTS RECOMMANDÉS :
PURÉE DE CÉLERI
PURÉE D'OIGNONS

- 1,5 KG DE BŒUF EN MORCEAUX DE 4 CM DE CÔTÉ
- 200 G DE LARDONS
- 350 G DE CHAMPIGNONS
- 25 CL DE VIN ROUGE TANNIQUE (CORBIÈRES, CÔTES-DU-RHÔNE,...)
- 10 PETITS OIGNONS
- 25 CL DE BOUILLON DE VIANDE INSTANTANÉ
- 1 BOUQUET GARNI
- 1 BRANCHE DE PERSIL
- GRAISSE D'OIE

- Faire fondre les lardons dans une poêle. Ajouter les oignons entiers. Lorsqu'ils sont bien dorés, les retirer et réserver.
- Dans une grande cocotte, faire chauffer 3 cuillerées à soupe de graisse d'oie. Y faire revenir les morceaux de viande. Lorsqu'ils sont bien dorés, verser le bouillon.
- Mettre les lardons et les oignons dans la cocotte. Verser le vin rouge, saler, poivrer et ajouter le bouquet garni. Couvrir et laisser cuire à petit feu pendant au moins 2 heures.
- Dans une casserole à part, faire cuire pendant 15 minutes dans une louche du bouillon de la cocotte les champignons émincés. Passer la moitié des champignons au mixer en mouillant avec le jus de cuisson. Mettre le tout dans la cocotte.
- Laisser cuire 30 minutes à découvert. Retirer le bouquet garni, ajuster l'assaisonnement et servir dans un plat creux parsemé de persil frais haché.

BOURGUIGNON DE MAGRET DE CANARD

POUR 5 PERSONNES
PRÉPARATION : 25 MINUTES
CUISSON : 1 HEURE 10

- 4 MAGRETS
- 3 GROS OIGNONS ÉMINCÉS
- 4 GOUSSES D'AIL
- 200 G DE PETITS CHAMPIGNONS EN BOÎTE
- 150 G DE PETITS OIGNONS ÉPLUCHÉS
- 25 CL DE VIN ROUGE
- SEL, POIVRE, PIMENT DE CAYENNE, MUSCADE

- Avec un couteau bien aiguisé, retirer l'essentiel de la couche de graisse des magrets (ne pas en laisser plus d'1 mm).
- Dans une cocotte, faire fondre la graisse de deux magrets à feu doux. Jeter ce qui n'a pas fondu et ne garder que l'équivalent de 3 cuillerées à soupe de graisse.
- Dans cette graisse, faire saisir les morceaux de magret pendant 2 ou 3 minutes ; ils ne doivent cuire que très superficiellement. Saler, poivrer. Sortir la viande et réserver.
- Faire revenir les oignons dans la cocotte puis rajouter l'ail.
- Verser le vin rouge et incorporer le bouquet garni. Assaisonner avec le sel, le poivre, le piment de Cayenne et la muscade.
- Faire cuire à découvert pour faire réduire.
- Passer 100 g de champignons au mixer. Les mettre dans la cocotte avec le reste de champignons et les petits oignons.
- Faire chauffer à gros bouillons à découvert pendant 20 à 30 minutes pour faire réduire.
- Lorsque la sauce est suffisamment épaisse, retirer le bouquet garni et rectifier l'assaisonnement.

- 10 à 15 minutes avant de servir, remettre les morceaux de magret dans la cocotte et laisser mijoter à couvert.

REMARQUE :
Ce plat peut être préparé à l'avance. Dès que la sauce sera revenue à température ambiante, on pourra y ajouter la viande puis réchauffer à feu doux.

CARRÉ D'AGNEAU À LA PROVENÇALE

POUR 4 PERSONNES
PRÉPARATION : 25 MINUTES
CUISSON : 45 MINUTES

- 1 CARRÉ D'AGNEAU DE 1 KG (8 BELLES CÔTES)
- 10 CL DE VIN BLANC
- 15 CL DE CRÈME FRAÎCHE
- 1 CUILLERÉE À SOUPE DE COGNAC
- 5 GOUSSES D'AIL ÉPLUCHÉES
- HUILE D'OLIVE
- HERBES DE PROVENCE
- 400 G DE CHAMPIGNONS DE PARIS
- SEL, POIVRE, PIMENT DE CAYENNE
- 1 CUILLERÉE À SOUPE DE PERSIL HACHÉ

- Couper 2 gousses d'ail en 4 lamelles chacune. Faire des entailles profondes dans le carré d'agneau (entre chaque côte) et y glisser les lamelles d'ail.
- Enduire le plat de cuisson avec l'huile d'olive. Verser dans une tasse 4 cuillerées à soupe d'huile d'olive, saler, poivrer et pimenter. Placer le carré d'agneau dans le plat et le badigeonner au pinceau. Saupoudrer d'herbes de Provence et mettre à four très chaud (th. 8 – 250 °C). Faire cuire pendant 20 à 25 minutes.
- Pendant ce temps, nettoyer et équeuter les champignons. Les couper en grosses lamelles dans le sens de la hauteur.
- Faire revenir les champignons à feu très doux dans une poêle avec de l'huile d'olive. Saler et poivrer. Au bout de quelques minutes, jeter le jus de cuisson et l'eau qu'ils ont rendus.
- Écraser les 3 gousses d'ail restantes et les mélanger avec le persil.

Les ajouter aux champignons en rajoutant de l'huile d'olive. Poursuivre la cuisson à feu doux pendant quelques minutes en remuant bien.

- Sortir le carré d'agneau du four et le découper dans son plat de cuisson. Réserver les côtes au chaud. Déglacer le plat de cuisson avec le vin blanc et le cognac préalablement chauffés. Rajouter la crème fraîche et verser dans une saucière chaude.
- Servir le carré sur un plat chaud entouré des champignons.

CÔTES DE PORC À LA MOUTARDE

POUR 4 PERSONNES
PRÉPARATION : 10 MINUTES
CUISSON : 25 MINUTES

ACCOMPAGNEMENTS RECOMMANDÉS :
PURÉE DE CÉLERI
HARICOTS VERTS

- 4 GROSSES CÔTES DE PORC
- (OU 8 PETITES)
- 80 G DE CRÈME FRAÎCHE
- 3 CUILLERÉES À SOUPE DE MOUTARDE FORTE
- 1 CUILLERÉE À SOUPE DE CÂPRES
- 1 CUILLERÉE À SOUPE DE GRAISSE D'OIE

- Dans un bol, mélanger la crème fraîche, la moutarde et les câpres.
- Faire fondre la graisse d'oie dans une grande poêle. Y faire revenir les côtelettes 7 à 8 minutes de chaque côté. Saler et poivrer.
- Rajouter la sauce sur les côtelettes. Couvrir la poêle et laisser mijoter à feu très doux pendant 10 minutes environ.
- Servir dans des assiettes chaudes.

CÔTES DE VEAU À LA FONDUE D'OSEILLE

POUR 4 PERSONNES
PRÉPARATION : 15 MINUTES
CUISSON : 15 MINUTES

- 4 CÔTES DE VEAU BIEN DÉGRAISSÉES, DE 200 G CHACUNE ENVIRON
- 150 G D'OSEILLE CISELÉE
- LE JUS D'1 CITRON
- GRAISSE D'OIE, HUILE D'OLIVE
- SEL, POIVRE DU MOULIN

- Dans une grande poêle, faire fondre 1 cuillerée à soupe de graisse d'oie. Y faire cuire les côtes de veau à feu doux en les laissant dorer sur les deux faces (5 à 7 minutes de chaque côté), saler et poivrer. Réserver.
- Pendant ce temps, laver l'oseille après l'avoir équeutée. L'essuyer avec un torchon ou du papier absorbant.
- Dans une casserole, verser 2 cuillerées à soupe d'huile d'olive. Y mettre l'oseille ciselée. Faire fondre à feu doux en remuant avec une cuiller en bois pendant 5 minutes environ. Saler et poivrer légèrement.
- Jeter la partie la plus grasse du jus de cuisson des côtes de veau. Verser dans une poêle le jus de citron et couvrir avec la fondue d'oseille. Bien mélanger le tout, en continuant la cuisson à feu doux pendant 1 ou 2 minutes.
- Avant de servir sur un plat chaud, rajouter éventuellement un filet d'huile d'olive fraîche.

CÔTES DE VEAU PROVENÇALES

POUR 4 PERSONNES
PRÉPARATION : 15 MINUTES
CUISSON : 25 MINUTES

- 4 CÔTES DE VEAU DÉGRAISSÉES D'ENVIRON 200 G
- 2 OIGNONS ÉMINCÉS
- 3 GOUSSES D'AIL ÉCRASÉES
- 2 CUILLERÉES À SOUPE DE BASILIC FRAIS HACHÉ
- 1 CUILLERÉE À SOUPE DE PERSIL HACHÉ
- 3 CUILLERÉES À SOUPE DE CONCENTRÉ DE TOMATES
- VIN BLANC
- GRAISSE D'OIE, HUILE D'OLIVE
- HERBES DE PROVENCE
- SEL, POIVRE

- Dans une casserole, mettre 2 cuillerées d'huile d'olive. Y faire revenir à feu doux les oignons, puis à la fin, l'ail écrasé.
- Ajouter le concentré de tomates en diluant légèrement avec un peu de vin blanc (la sauce doit rester épaisse). Saler, poivrer et ajouter le basilic frais. Réserver au chaud.
- Mettre 1 bonne cuillerée à soupe de graisse d'oie à fondre dans une poêle. Y faire dorer à feu moyen les côtes de veau en les cuisant 7 à 8 minutes de chaque côté. Saupoudrer d'herbes de Provence en début de cuisson. Saler, poivrer.
- Disposer les côtes sur un plat et réserver au chaud.
- Jeter la graisse de cuisson et déglacer la poêle avec 1/2 verre de vin blanc. Y verser la sauce à la tomate. Éteindre le feu et rajouter 1 cuillerée à soupe d'huile d'olive.
- Napper de cette sauce les côtes de veau et parsemer de persil.

DAUBE PROVENÇALE

POUR 5 PERSONNES
PRÉPARATION : 15 MINUTES
CUISSON : 1 HEURE 30

ACCOMPAGNEMENTS RECOMMANDÉS :
PURÉE DE CÉLERI
PURÉE DE POIVRONS

- 1 KG DE BŒUF À BRAISER (GÎTE À LA NOIX) COUPÉ EN MORCEAUX
- 150 G DE LARDONS
- 4 OIGNONS ÉMINCÉS
- 30 CL DE VIN ROUGE
- 1 BOUQUET GARNI
- 20 OLIVES VERTES DÉNOYAUTÉES
- 20 OLIVES NOIRES DÉNOYAUTÉES
- 75 G DE CHAMPIGNONS EN BOÎTE
- HUILE D'OLIVE, SEL, POIVRE

- Dans unc cocotte, mettre à chauffer 2 cuillerées à soupe d'huile d'olive. Y faire revenir à feu doux les lardons, puis les oignons émincés.
- Ajouter les morceaux de viande que l'on fera saisir. Saler, poivrer.
- Ajouter le bouquet garni et le vin. Laisser mijoter pendant 45 minutes à couvert.
- Égoutter les champignons. Les passer au mixer avec 1 cuillerée à soupe de la sauce de la cocotte.
- Ajouter la purée de champignons, les olives et laisser cuire encore à feu très doux pendant 30 minutes à couvert et 30 minutes à découvert.
- Servir chaud après avoir retiré le bouquet garni.

ÉCHINE DE PORC AUX NAVETS À L'ANDALOUSE

POUR 4 PERSONNES
PRÉPARATION : 15 MINUTES
CUISSON : 1 HEURE 15

- 800 G DE PORC (DANS L'ÉCHINE)
- 100 G DE LARDONS
- 800 G DE NAVETS ÉPLUCHÉS ET LAVÉS
- 100 G D'OLIVES NOIRES DÉNOYAUTÉES
- 100 G D'OLIVES VERTES DÉNOYAUTÉES
- 3 À 4 CUILLERÉES À SOUPE DE CONCENTRÉ DE TOMATES
- 1 VERRE DE PORTO
- SEL, POIVRE, HUILE D'OLIVE

- Dans une cocotte, faire réchauffer un peu d'huile d'olive. Y faire fondre à feu doux les lardons.
- Couper les navets en cubes de 3 cm de côté. Les faire blanchir 3 minutes dans de l'eau bouillante salée. Bien les égoutter.
- Couper le porc en morceaux. Faire dorer à feu doux dans la cocotte avec la graisse des lardons 10 minutes environ. Saler, poivrer, puis ajouter les navets, les olives et le concentré de tomates. Arroser avec le porto. Remuer.
- Couvrir la cocotte et laisser cuire à feu très doux pendant 1 heure.

ÉMINCÉ DE VEAU

POUR 4 PERSONNES
PRÉPARATION : 20 MINUTES
CUISSON : 25 MINUTES

ACCOMPAGNEMENTS RECOMMANDÉS :
ENDIVES BRAISÉES
HARICOTS VERTS EXTRA-FINS

- 4 ESCALOPES DE VEAU ÉPAISSES
- 200 G DE CHAMPIGNONS DE PARIS
- 3 OIGNONS ÉMINCÉS
- 30 CL DE CRÈME FLEURETTE
- LE JUS D'1 CITRON
- GRAISSE D'OIE
- SEL, POIVRE, NOIX DE MUSCADE
- HUILE D'OLIVE

- Nettoyer les champignons et les émincer. Les faire revenir à feu très doux dans une poêle avec de l'huile d'olive. Saler, poivrer. Jeter l'eau en cours de cuisson et rajouter un peu d'huile d'olive.
- Faire revenir les oignons à feu doux dans une poêle avec de l'huile d'olive.
- Faire fondre dans une cocotte 1 cuillerée à soupe de graisse d'oie. En travaillant à feu doux, faire revenir les émincés de veau pendant quelques minutes en remuant constamment. Assaisonnez avec sel, poivre et rajouter le jus du citron.
- Rajouter dans la cocotte les champignons de Paris et les oignons. Remuer. Verser ensuite la crème fleurette et râper la noix de muscade.
- Bien mélanger le tout et laisser cuire à feu très doux à couvert pendant 2 ou 3 minutes. Goûter et rectifier l'assaisonnement.

Entrecôtes à la bordelaise

Pour 4 personnes
Préparation : 15 minutes
Cuisson : 30 minutes

Accompagnements recommandés :
Champignons persillés
Haricots verts

- 2 entrecôtes de 500 g et de 4 cm d'épaisseur
- 20 cl de Bordeaux rouge
- 10 cl de bouillon de viande instantané bien fort
- 100 g de champignons de Paris en boîte
- 5 échalotes hachées
- 4 cuillerées à soupe de graisse d'oie
- 1 branche de thym
- 2 feuilles de laurier
- 1 bouquet de persil haché
- Sel, poivre

- Dans une cocotte, faire chauffer 2 cuillerées à soupe de graisse d'oie. Y jeter les échalotes, que l'on fera légèrement dorer pendant 2 ou 3 minutes. Mouiller avec le vin rouge. Ajouter le thym, le laurier et le bouillon. Saler et poivrer généreusement. Faire réduire de moitié à feu vif à découvert.
- Mixer les champignons égouttés avec un peu d'huile d'olive et réduire en purée. Ajouter cette purée à la sauce dans la cocotte.
- Dans une grande poêle, faire chauffer le reste de graisse d'oie. Y faire saisir les 2 entrecôtes de chaque côté, en salant et poivrant et en laissant cuire selon le degré de cuisson désiré (bleu, saignant ou à point).
- Déglacer la poêle avec un peu de vin rouge. Ajouter le déglaçage à la sauce.
- Découper les entrecôtes en 4 ou 8 morceaux et dresser sur un plat de service chaud. Napper de sauce bordelaise et servir.

ESCALOPE DE VEAU À LA CRÈME DE PARME

POUR 4 PERSONNES
PRÉPARATION : 15 MINUTES
CUISSON : 35 MINUTES

ACCOMPAGNEMENTS RECOMMANDÉS :
HARICOTS VERTS EXTRA-FINS
POIS GOURMANDS
PURÉE DE POIS CHICHES

- 4 BELLES ESCALOPES TAILLÉES DANS LA NOIX (600 G)
- 6 TRANCHES DE JAMBON DE PARME
- 1 OIGNON
- 15 CL DE CRÈME FRAÎCHE
- 1 CUILLERÉE À SOUPE D'HUILE D'OLIVE

- Dans une poêle antiadhésive, faire cuire à feu doux les tranches de Parme (1 à 2 minutes de chaque côté) en les étendant bien sur le fond.
- Les faire sécher ensuite dans le four (th. 4 – 130 °C) jusqu'à ce qu'elles soient complètement raides et cassantes. Les couper en morceaux et les réduire en poudre dans le mixer. Réserver.
- Émincer les oignons et les faire revenir dans l'huile d'olive. Rajouter ensuite la poudre de Parme et la crème fraîche. Saler, poivrer et pimenter.
- Dans une autre poêle, faire cuire les escalopes (salées et poivrées) avec la graisse d'oie.
- Pour servir, dresser sur un plat ou mieux encore des assiettes chaudes individuelles et napper avec la crème de Parme.

FILET DE MOUTON À LA PROVENÇALE

POUR 5 PERSONNES
PRÉPARATION : 15 MINUTES
CUISSON : 30 MINUTES

ACCOMPAGNEMENTS RECOMMANDÉS :
RATATOUILLE
HARICOTS BLANCS

- 1 KG DE FILET DE MOUTON (SELLE DÉSOSSÉE)
- 2 OIGNONS ÉMINCÉS
- 2 GOUSSES D'AIL ÉCRASÉES
- 20 CL DE BOUILLON DE BŒUF
- 200 G DE CONCENTRÉ DE TOMATE
- HUILE D'OLIVE
- SEL, POIVRE

- Couper la viande en cubes de 3 cm de côté.
- Mettre 2 cuillerées à soupe d'huile d'olive dans une cocotte. Y faire revenir à feu doux les oignons, puis faire dorer les cubes de mouton de chaque côté. Rajouter l'ail et deux ou trois pincées d'herbes de Provence. Saler et poivrer.
- Dans une casserole à part, diluer progressivement le concentré de tomate avec le bouillon chaud. Saler et poivrer.
- Mettre la sauce tomate dans la cocotte et bien mélanger. Rajouter 2 cuillerées à soupe d'huile d'olive. Poursuivre la cuisson à feu très doux et à couvert pendant 3 ou 4 minutes.
- Servir chaud.

FOIE DE VEAU AU BASILIC

POUR 4 PERSONNES
PRÉPARATION : 5 MINUTES
CUISSON : 10 MINUTES

ACCOMPAGNEMENTS RECOMMANDÉS (SELON LA SAISON) :
ENDIVES BRAISÉES
RATATOUILLE
TOMATES PROVENÇALES

- 4 TRANCHES DE FOIE DE VEAU DE 170 G CHACUNE
- 20 FEUILLES DE BASILIC HACHÉES
- 4 GOUSSES D'AIL HACHÉES
- HUILE D'OLIVE
- SEL, POIVRE

- Mélanger dans un bol l'ail haché, le basilic haché et 3 cuillerées d'huile d'olive.
- Mettre cette préparation dans une grande poêle et cuire 3 minutes à feu très doux.
- Ajouter les tranches de foie de veau et cuire à feu moyen 3 minutes de chaque côté.
- Servir sur plat chaud.

FOIE DE VEAU AUX OIGNONS

POUR 4 PERSONNES
PRÉPARATION : 15 MINUTES
CUISSON : 15 MINUTES

- 4 BELLES TRANCHES DE FOIE
- 10 GROS OIGNONS
- HUILE D'OLIVE
- GRAISSE D'OIE
- 10 CL DE CRÈME FLEURETTE
- 1 CUILLERÉE À SOUPE DE VINAIGRE BALSAMIQUE
- SEL, POIVRE

- Émincer les oignons. Les faire cuire à feu très doux dans une grande poêle antiadhésive avec de l'huile d'olive. Saler et poivrer. Les oignons doivent être presque transparents sans jamais être grillés.
- Dans une autre poêle, faire cuire les tranches de foie avec de la graisse d'oie. Saler, poivrer et réserver au chaud.
- Déglacer la seconde poêle avec le vinaigre balsamique et la crème fleurette.
- Servir sur des assiettes chaudes en nappant le foie avec la sauce.

Foie gras poêlé aux champignons persillés

Pour 4 personnes
Préparation : 20 minutes
Cuisson : 20 minutes

- 1 foie gras (frais) de canard de 500 g
- 600 g de champignons de Paris
- 5 gousses d'ail hachées
- 3 cuillerées à soupe de persil haché
- 4 cuillerées à soupe de Xérès
- sel, poivre

- Nettoyer les champignons et les émincer. Les faire revenir à feu doux dans une grande poêle avec de l'huile d'olive. Saler, poivrer.
- Quand ils ont réduit, jeter toute l'eau et l'huile de cuisson et remettre de l'huile d'olive fraîche.
- Dans un coin de la poêle, faire frire à feu réduit en même temps l'ail et le persil. Mélanger avec les champignons et réserver au chaud.
- Découper le foie gras dans la longueur en tranches de 2 cm d'épaisseur. Faire cuire les tranches de foie à feu moyen dans une poêle antiadhésive pendant 1 minute environ de chaque côté. Saler et poivrer. Réserver sur des assiettes très chaudes.
- Se débarrasser de la moitié de la graisse rejetée par le foie et déglacer la poêle avec le vinaigre de Xérès.
- Verser sur le foie gras et ajouter les champignons.

FOIES DE VOLAILLE À LA PURÉE DE CÉLERI

POUR 4 PERSONNES
PRÉPARATION : 15 MINUTES
CUISSON : 1 HEURE 15

- 600 G DE FOIES DE VOLAILLE
- 1 CÉLERI RAVE
- 1 CITRON
- 30 CL DE CRÈME FLEURETTE
- 2 CUILLERÉES À SOUPE DE VINAIGRE BALSAMIQUE
- GRAISSE D'OIE
- SEL, POIVRE, NOIX DE MUSCADE
- 1 BOUQUET DE CERFEUIL

- Après avoir épluché et lavé le céleri, le détailler en gros dés. Le faire cuire au moins 1 heure dans l'eau bouillante salée avec le citron coupé en morceaux. Vérifier la cuisson avec la pointe d'un couteau.
- Jeter l'eau de cuisson et le citron et ajouter la crème fleurette. Saler, poivrer et saupoudrer de noix de muscade râpée. Laisser mijoter à feu très doux jusqu'à ce que la crème soit absorbée par les morceaux de céleri.
- Passer ensuite au mixer pour obtenir une purée. Vérifier l'assaisonnement et réserver.
- Dans une poêle, faire revenir les foies avec de la graisse d'oie. Saler, poivrer et arroser de vinaigre balsamique.
- Dresser les foies sur des assiettes individuelles. Ajouter la purée de céleri et décorer avec le cerfeuil.

Gigot à l'anglaise

Pour 5 personnes
Préparation : 15 minutes
Cuisson : 1 heure

Accompagnements recommandés :
Brocolis à la vapeur
Haricots verts

- 1 gigot d'agneau de 1,5 kg
- 2 bouquets de menthe
- 1 cuillerée à soupe de fructose
- 1 verre de vinaigre de cidre
- graisse d'oie
- sel, poivre, piment de Cayenne

- Graisser le plat de cuisson avec la graisse d'oie.
- Tapisser le fond du plat de feuilles de menthe.
- Masser le gigot avec de la graisse d'oie. Saler, poivrer et pimenter.
- Faire cuire au four (th. 7 – 220 °C) pendant 45 à 55 minutes en fonction du niveau de cuisson désiré (saignant ou à point).
- Hacher finement une vingtaine de feuilles de menthe.
- Dans une casserole, faire bouillir le vinaigre de cidre avec la menthe hachée pendant 2 minutes. Éteindre et laisser refroidir 3 minutes. Ajouter le fructose en remuant bien pour le faire dissoudre. Éventuellement, passer au mixer. Réserver la sauce à la menthe dans la partie haute du réfrigérateur.
- Sortir le gigot du four. Le découper dans le plat de cuisson pour en récupérer le sang. Disposer sur un plat de service chaud.
- Déglacer le plat de cuisson avec un verre d'eau bouillante salée. Récupérer la sauce, qui sera proposée en option avec la sauce à la menthe.

GIGOT D'AGNEAU AU ROMARIN

POUR 4/5 PERSONNES
PRÉPARATION : 10 MINUTES
CUISSON : 45 MINUTES

ACCOMPAGNEMENTS RECOMMANDÉS :
FLAGEOLETS
HARICOTS VERTS

- 1 GIGOT D'AGNEAU DE 2 KG
- 6 GOUSSES D'AIL RÉDUITES EN PURÉE
- 1 BELLE BRANCHE DE ROMARIN
- 1 CUILLERÉE À SOUPE DE GROS SEL
- POIVRE NOIR FRAÎCHEMENT MOULU
- PIMENT DE CAYENNE
- GRAISSE D'OIE

- Dans un bol, mélanger la purée d'ail, le romarin effrité, le gros sel, 2 cuillerées à soupe de graisse d'oie légèrement ramollie, 3 grosses pincées de poivre et de piment de Cayenne.
- Masser le gigot avec cette préparation en la faisant bien pénétrer.
- Mettre le gigot dans un plat en grès (côté peau à l'extérieur) et enfourner (th. 8 – 250 °C) pendant 45 minutes.
- Faire fondre 3 cuillerées à soupe de graisse d'oie dans un verre d'eau bouillante.
- Arroser le gigot toutes les 15 minutes.

GRILLADES DE PORC PROVENÇALES

POUR 4 PERSONNES
PRÉPARATION : 15 MINUTES
CUISSON : 15 MINUTES

ACCOMPAGNEMENTS RECOMMANDÉS :
COURGETTES AU GRATIN
TOMATES PROVENÇALES
RATATOUILLE

- 4 GRILLADES DE PORC
- 4 ÉCHALOTES ÉMINCÉES
- 20 CL DE VIN BLANC
- 3 OU 4 CUILLERÉES À SOUPE DE CONCENTRÉ DE TOMATES
- HUILE D'OLIVE, GRAISSE D'OIE
- SEL, POIVRE, HERBES DE PROVENCE

- Mettre dans une poêle 2 cuillerées à soupe d'huile d'olive. Y faire revenir à feu doux les échalotes.
- Mouiller avec le vin blanc et laisser cuire en remuant pendant 5 minutes environ.
- Rajouter le concentré de tomates et bien le diluer dans le vin à l'échalote. Saler, poivrer et rajouter une cuillerée à soupe d'huile d'olive. Garder au chaud sur feu très très doux.
- Dans une autre poêle, mettre à chauffer 1 bonne cuillerée à soupe de graisse d'oie. Y faire cuire à feu moyen les grillades de porc sur les deux faces après les avoir légèrement saupoudrées d'herbes de Provence. Saler, poivrer.
- Dresser les grillades sur un plat chaud et napper avec la sauce.

NOIX DE VEAU À LA PROVENÇALE

POUR 5 PERSONNES
PRÉPARATION : 25 MINUTES
CUISSON : 1 HEURE 15

ACCOMPAGNEMENTS RECOMMANDÉS :
RATATOUILLE
TOMATES PROVENÇALES

- 1,5 KG DE NOIX DE VEAU
- 2 GROS OIGNONS ÉMINCÉS
- 4 BELLES TOMATES
- 100 G DE CONCENTRÉ DE TOMATES
- 4 GOUSSES D'AIL
- 100 G D'OLIVES VERTES DÉNOYAUTÉES
- 1 VERRE DE VIN BLANC
- 200 G DE PETITS OIGNONS
- PERSIL HACHÉ
- HUILE D'OLIVE
- SEL, POIVRE

- Découper la viande en morceaux (cubes de 4 cm environ).
- Dans une cocotte, faire saisir le veau dans 3 cuillerées à soupe d'huile d'olive. Saler, poivrer. En fin de cuisson, réserver le veau dans un autre plat.
- Dans la même cocotte, faire revenir les oignons à feu doux.
- Ébouillanter les tomates pendant 30 secondes pour en enlever la peau plus facilement. Épépiner et couper la pulpe en morceaux. Les jeter dans la cocotte, ainsi que l'ail écrasé. Faire cuire à feu doux pendant 5 minutes.
- Mélanger dans un bol le concentré de tomates avec le verre de vin blanc et 1 cuillerée à soupe d'huile d'olive. Verser ensuite dans la cocotte.
- Éplucher les petits oignons et les faire cuire dans une casserole d'eau salée pendant 30 minutes.
- Remettre le veau dans la cocotte avec les petits oignons et les

olives. Bien remuer et faire cuire à couvert à feu très doux pendant 30 minutes. Mouiller si nécessaire en cours de cuisson avec un peu de vin blanc.

- Rectifier l'assaisonnement.
- Dresser un plat de service chaud. Saupoudrer de persil haché et servir.

RÔTI DE PORC AU CURRY

POUR 4 PERSONNES
PRÉPARATION : 15 MINUTES
CUISSON : 1 HEURE 15

ACCOMPAGNEMENTS RECOMMANDÉS :
CHOUX DE BRUXELLES
BROCOLIS
HARICOTS VERTS

- 1,8 KG DE FILET DE PORC
- 4 GOUSSES D'AIL
- 3 CUILLERÉES À SOUPE DE GRAISSE D'OIE
- 20 CL DE CRÈME FLEURETTE
- CURRY
- SEL, POIVRE

- Avec la pointe d'un couteau fin bien tranchant, inciser le rôti de porc en quatre endroits pour y introduire les gousses d'ail.
- Dans un bol, préparer une marinade avec la graisse d'oie fondue (à 35 °C). Saler, poivrer et ajouter une cuillerée à soupe de curry. Bien mélanger.
- Masser le rôti avec la marinade pour bien la faire pénétrer.
- Mettre au four (th. 7 – 220 °C) pendant 1 heure 15 en versant le reste de la marinade dans le plat de cuisson avec 1/2 verre d'eau.
- Avant de servir, déglacer le plat de cuisson avec la crème fleurette.

RÔTI DE VEAU AUX OLIVES

POUR 4/5 PERSONNES
PRÉPARATION : 20 MINUTES
CUISSON : 1 HEURE 45

- 1 RÔTI DE VEAU DE 1,2 KG
- 100 G DE LARDONS
- 200 G D'OLIVES NOIRES DÉNOYAUTÉES
- 200 G D'OLIVES VERTES DÉNOYAUTÉES
- 15 CL DE VIN BLANC
- HUILE D'OLIVE
- SEL, POIVRE, THYM

- Dans une cocotte, faire fondre les lardons à feu doux. Y faire dorer le rôti de veau sur toutes les faces. Saler, poivrer et saupoudrer de quelques pincées de thym. Couvrir et mettre à cuire à feu très doux.
- Passer au mixer 75 g d'olives noires et 75 g d'olives vertes avec 1 cuillerée à soupe d'huile d'olive.
- Verser la purée d'olives dans la cocotte et mouiller avec le vin blanc.
- Laisser cuire à feu très doux pendant 1 heure en retournant le rôti de temps en temps.
- Ajouter le reste des olives dans la cocotte et laisser cuire encore 20 à 30 minutes, toujours à feu réduit.
- Sortir le rôti, le découper en tranches et le disposer sur un plat chaud, entouré des olives que l'on retirera avec une écumoire. Mettre la sauce à part dans une saucière chaude, en l'allongeant éventuellement par un déglaçage de la cocotte avec un peu d'eau bouillante.

ROULÉS D'ESCALOPE AU JAMBON À LA PROVENÇALE

POUR 4 PERSONNES
PRÉPARATION : 20 MINUTES
CUISSON : 20 MINUTES

ACCOMPAGNEMENTS RECOMMANDÉS :
AUBERGINES À L'HUILE D'OLIVE
GRATIN DE COURGETTES
POIS GOURMANDS

- 8 ESCALOPES ASSEZ FINES
- 8 TRANCHES DE JAMBON DE PAYS
- 3 CUILLERÉES À SOUPE DE CONCENTRÉ DE TOMATES
- 100 G D'ÉCHALOTES ÉMINCÉES
- 3 GOUSSES D'AIL ÉMINCÉES
- 5 CL DE COGNAC
- THYM
- GRAISSE D'OIE, HUILE D'OLIVE
- SEL, POIVRE

- Saupoudrer de thym chaque escalope sur une face. Y coucher la tranche de jambon après l'avoir débarrassée de la couenne et du gras. Rouler l'escalope et la ficeler avec de la ficelle à gigot.
- Dans une cocotte contenant 1 cuillerée à soupe de graisse d'oie, faire revenir les roulés d'escalopes jusqu'à ce qu'ils soient dorés.
- Parallèlement, faire revenir à feu doux dans une poêle l'échalote et l'ail émincés dans un peu d'huile d'olive.
- Dans un bol, reconstituer la purée de tomates en rajoutant 10 cl d'eau et 1 cuillerée d'huile d'olive au concentré de tomates. Saler et poivrer.
- Mettre dans la cocotte la purée de tomates, l'échalote et l'ail.
- Remuer et reprendre la cuisson à feu doux pendant 2 ou 3 minutes.

NOTE :
Ce plat peut être gardé au chaud pendant un bon quart d'heure.

TOURNEDOS À LA PROVENÇALE

POUR 4 PERSONNES
PRÉPARATION : 15 MINUTES
CUISSON : 40 MINUTES

- 4 TOURNEDOS (DANS LE FILET)
- DE 200 G CHACUN
- 6 BELLES TOMATES
- 2 OIGNONS ÉMINCÉS
- 3 POIVRONS ROUGES
- 3 GOUSSES D'AIL ÉMINCÉES
- HUILE D'OLIVE, GRAISSE D'OIE
- SEL, POIVRE, HERBES DE PROVENCE

- Ouvrir les poivrons en deux. Retirer la queue et les graines. Les mettre sur plaque sous le gril du four. Quand ils sont légèrement grillés et boursouflés, les laisser refroidir quelques minutes.
- Enlever la peau et les couper en lanières épaisses de 1 cm environ.
- Plonger les tomates 40 secondes dans de l'eau bouillante. Les peler puis les épépiner et couper la pulpe en petits dés.
- Dans une grande poêle, faire chauffer à feu doux 2 ou 3 cuillerées d'huile d'olive. Faire revenir les oignons en remuant fréquemment. Ajouter l'ail, puis les dés de tomates et les lanières de poivrons.
- Saler, poivrer et saupoudrer de quelques herbes de Provence. Laisser cuire à feu doux pendant 20 minutes.
- Dans une autre poêle, faire fondre une noix de graisse d'oie. Y faire dorer les tournedos pendant 2 ou 3 minutes sur chaque face. Saler, poivrer.
- Verser la préparation précédente sur la viande et continuer la cuisson pendant 2 minutes.
- Servir chaud.

TOURNEDOS AUX OLIVES

POUR 4 PERSONNES
PRÉPARATION : 15 MINUTES
CUISSON : 25 MINUTES

- 4 TOURNEDOS (DE 200 G CHACUN)
- 4 GROSSES TOMATES
- 20 OLIVES NOIRES DÉNOYAUTÉES
- 4 CUILLERÉES À SOUPE DE CRÈME D'ANCHOIS
- HUILE D'OLIVE
- SEL, POIVRE, HERBES DE PROVENCE

- Couper les tomates en trois horizontalement. Les disposer dans un plat allant au four en les huilant de chaque côté. Saler, poivrer et saupoudrer d'herbes de Provence.
- Les mettre à chauffer sous le gril jusqu'à ce qu'elles soient légèrement grillées. Réserver au chaud.
- Dans une poêle, faire revenir à feu doux les olives noires dans de l'huile d'olive.
- Badigeonner les tournedos de crème d'anchois. Les faire cuire 2 ou 3 minutes de chaque côté dans une poêle contenant de l'huile d'olive. Ne pas saler.
- Servir les tournedos très chauds avec les tomates, les olives et le jus de cuisson des olives.

VEAU AU PAPRIKA

POUR 4 PERSONNES
PRÉPARATION : 15 MINUTES
CUISSON : 1 HEURE 10

ACCOMPAGNEMENTS RECOMMANDÉS :
NAVETS REVENUS À LA GRAISSE D'OIE
ENDIVES BRAISÉES
CHOU-FLEUR AU GRATIN

- 1 KG DE VEAU DANS LE FILET
- 6 GROS OIGNONS ÉMINCÉS
- 20 CL DE CRÈME FRAÎCHE
- 20 CL DE VIN BLANC
- GRAISSE D'OIE
- HUILE D'OLIVE
- 1 BOUQUET GARNI
- PAPRIKA DOUX
- PAPRIKA FORT
- SEL, POIVRE

- Dans une poêle, faire revenir les oignons à feu doux avec de l'huile d'olive.
- Couper la viande en cubes de 3 ou 4 cm de côté. Les faire saisir dans une cocotte contenant de la graisse d'oie.
- Mettre les oignons dans la cocotte. Ajouter le vin blanc, le bouquet garni, 3 cuillerées à café de paprika doux, 1 cuillerée à café de paprika fort, sel, poivre. Bien remuer, couvrir la cocotte et laisser cuire à feu très doux pendant 1 heure au moins.
- Retirer les morceaux de viande pour les disposer sur le plat de service et réserver au chaud. Jeter le bouquet garni.
- Passer le reste au mixer pour obtenir une sauce onctueuse.
- Rajouter la crème fraîche et bien mélanger.
- Napper les morceaux de viande et servir aussitôt.

BLANCS DE POULET À LA CRÈME D'AIL

POUR 4 PERSONNES
PRÉPARATION : 20 MINUTES
CUISSON : 1 HEURE

ACCOMPAGNEMENTS RECOMMANDÉS :
RATATOUILLE
TOMATES PROVENÇALES

- 4 BLANCS DE POULET
- 2 TÊTES D'AIL
- 30 CL DE CRÈME DE SOJA
- GRAISSE D'OIE
- SEL, POIVRE, PIMENT DOUX D'ESPAGNE
- PIMENT DE CAYENNE
- 1 BOUQUET DE PERSIL

- Préparer les gousses d'ail et les faire cuire dans le cuit-vapeur pendant 30 minutes.
- Mettre les blancs de poulet dans un plat allant au four et les badigeonner de graisse d'oie.
- Saler, poivrer et saupoudrer légèrement de piment de Cayenne.
- Mettre au four (th. 6 – 190 °C) pendant 20 à 25 minutes.
- Passer les gousses d'ail au mixer avec la crème de soja. Saler, poivrer et ajouter l'équivalent d'1/2 cuillerée à café de piment doux d'Espagne.
- Sortir les blancs de poulet du four et les couper dans la largeur en morceaux de 1 cm à 2 cm de large. Redisposer dans le plat de cuisson.
- Napper avec la crème d'ail et laisser à four tiède (th. 3 – 100 °C) pendant 10 à 15 minutes.
- Servir après avoir parsemé de persil haché.

BLANCS DE POULET À LA PROVENÇALE

POUR 4 PERSONNES
PRÉPARATION : 10 MINUTES
CUISSON : 15 MINUTES

ACCOMPAGNEMENT RECOMMANDÉ : SALADE VERTE

- 4 BLANCS DE POULET
- 500 G DE PURÉE DE TOMATES (OU 250 G DE CONCENTRÉ DE TOMATES ET 25 CL D'EAU)
- 1 CUILLERÉE À SOUPE D'HERBES DE PROVENCE
- 4 CUILLERÉES À SOUPE D'HUILE D'OLIVE
- SEL, POIVRE, PIMENT DE CAYENNE

- Émincer les blancs de poulet en morceaux de 2 cm de large, les saler et les saupoudrer de piment de Cayenne.
- Les faire cuire dans un cuit-vapeur pendant 5 minutes.
- Pendant ce temps, mettre la purée de tomates dans une cocotte. Ajouter l'ail réduit en purée, les herbes de Provence, les 4 cuillerées d'huile d'olive. Saler et poivrer, remuer et mettre à feu très doux.
- Verser les blancs de poulet (dont l'intérieur est encore rosé) dans la cocotte. Bien mélanger et faire cuire à couvert à feu extrêmement doux pendant 5 minutes. Rectifier l'assaisonnement avant de servir.

NOTE :
On pourra rajouter un filet d'huile d'olive sur la portion dans l'assiette.
Ce plat a l'avantage de pouvoir être préparé à l'avance. Il pourra donc être réchauffé à couvert et à feu très doux.

BLANCS DE POULET AU CITRON VERT

POUR 4 PERSONNES
PRÉPARATION : 15 MINUTES
CUISSON : 45 MINUTES

ACCOMPAGNEMENTS RECOMMANDÉS :
HARICOTS EXTRA-FINS
BROCOLIS

- 4 BLANCS DE POULET
- 5 GOUSSES D'AIL
- 3 CITRONS VERTS
- 4 CUILLERÉES À SOUPE D'HUILE D'OLIVE
- SEL, POIVRE, PIMENT DE CAYENNE

- Dans un saladier, faire une marinade avec le jus des citrons, l'huile d'olive, l'ail écrasé, le sel et le poivre. Bien mélanger.
- Saupoudrer les blancs de poulet de piment de Cayenne et les mettre dans la marinade.
- Mettre au réfrigérateur pendant quelques heures en les remuant périodiquement.
- Égoutter les blancs de poulet et les mettre dans un plat de cuisson. Enfourner dans un four préalablement chauffé (th. 6 – 190 °C) pendant 30 minutes.
- Pendant ce temps, verser la marinade dans une casserole, porter à ébullition et faire réduire jusqu'à obtention d'une sauce épaisse.
- Servir les blancs de poulet nappés de cette sauce.

BLANCS DE POULET EN PAPILLOTE À L'ESTRAGON

POUR 4 PERSONNES
PRÉPARATION : 20 MINUTES
CUISSON : 15 MINUTES

- 4 BLANCS DE POULET
- 2 TOMATES
- 1/2 BOTTE D'ESTRAGON
- LE JUS D'1 CITRON
- 4 CUILLERÉES À SOUPE D'HUILE D'OLIVE
- SEL, POIVRE, PIMENT DE CAYENNE
- 1 CUILLERÉE À CAFÉ DE MOUTARDE FORTE

- Couper les tomates en tranches, les saler des deux côtés et les mettre à égoutter sur un papier absorbant.
- Préchauffer le four (th. 8 – 250 °C).
- Préparer l'estragon en choisissant les meilleures feuilles.
- Couper chaque blanc de poulet en 5 ou 6 morceaux et le disposer dans une papillote, en intercalant les morceaux avec une rondelle de tomate et des feuilles d'estragon.
- Asperger avec 1 cuillerée d'huile d'olive et 1/4 du jus de citron.
- Saler, poivrer, pimenter et refermer la papillote.
- Mettre au four pendant 15 minutes.
- Servir avec une sauce faite à partir du jus de cuisson des quatre papillotes auquel on aura incorporé la moutarde.

CANARD AUX OLIVES

POUR 4 PERSONNES
PRÉPARATION : 20 MINUTES
CUISSON : 2 HEURES 10

- 1 GROS CANARD AVEC LE FOIE
- 300 G D'OLIVES VERTES DÉNOYAUTÉES
- 300 G D'OLIVES NOIRES DÉNOYAUTÉES
- 2 ŒUFS
- 2 TRANCHES DE PAIN INTÉGRAL
- 10 CL DE CRÈME FLEURETTE
- 1 OIGNON PELÉ
- SEL, POIVRE, PIMENT DE CAYENNE
- HUILE D'OLIVE

- Couper le foie en morceaux et le faire cuire dans une poêle avec de l'huile d'olive.
- Faire gonfler le pain intégral dans la crème fleurette.
- Dans le bol du mixer, mélanger le foie, 100 g d'olives vertes, 100 g d'olives noires, les œufs et le pain imbibé de crème. Saler, saupoudrer d'herbes de Provence, poivrer et pimenter généreusement.
- Remplir l'intérieur du canard avec cette farce et fermer l'orifice avec l'oignon.
- Mettre le canard dans un plat, saler, poivrer, pimenter et mettre au four (th. 5 – 160 °C).
- Au bout d'1 heure, arroser le canard avec un verre d'eau salée et disposer dans le plat le reste des olives vertes et noires en les mélangeant.
- Continuer la cuisson (th. 4 – 130 °C) pendant encore 1 heure.

- Récupérer les olives avec une écumoire et réserver au chaud. Dégraisser très légèrement le plat et déglacer avec un verre d'eau bouillante.
- Découper le canard dans le plat de cuisson pour en récupérer le jus. En fin de découpe, dresser les morceaux (dont les aiguillettes) sur un plat chaud. Terminer le déglaçage du plat et réchauffer la sauce avant de la mettre dans une saucière chaude.

CHAPON AUX PRUNEAUX, SAUCE AU COGNAC

POUR 6 À 8 PERSONNES
PRÉPARATION : 30 MINUTES
CUISSON : 2 HEURES 45

- 1 CHAPON DE 3,5 KG
- 6 TRANCHES DE BACON
- 250 G DE PETITS LARDONS
- 2 OIGNONS ÉMINCÉS
- 3 ŒUFS
- 3 TRANCHES DE PAIN INTÉGRAL GRILLÉ
- 1 CUILLERÉE À SOUPE DE GRAISSE D'OIE
- 40 CL DE CRÈME FLEURETTE
- 30 PRUNEAUX D'AGEN DÉNOYAUTÉS
- 10 CL DE COGNAC
- 1 BRANCHE D'ESTRAGON
- 1/2 CUILLERÉE À CAFÉ D'HERBES DE PROVENCE
- SEL, POIVRE, PIMENT DE CAYENNE
- HUILE D'OLIVE
- 20 CL DE VIN BLANC

- Faire revenir les lardons dans une poêle. Quand ils ont rejeté suffisamment de graisse, y faire revenir les oignons.
- Dans un saladier, mélanger les lardons, les oignons, 20 cl de crème fleurette, les œufs et le pain intégral grillé, préalablement réduit en chapelure.
- Saler, poivrer, pimenter généreusement et rajouter l'estragon ciselé et les herbes de Provence. Bien mélanger le tout à la

fourchette ou passer éventuellement au mixer. Garnir le chapon avec cette farce.

- Avec la pointe d'un couteau, décoller par endroits la peau du chapon pour y glisser les tranches de bacon en les répartissant tout autour.
- Faire fondre la graisse d'oie à feu très très doux. Avec un pinceau, badigeonner ensuite le chapon.
- Mettre le chapon dans un grand plat en grès et faire cuire au four (th. 6 – 200 °C) pendant 2 heures 15.
- Faire cuire les pruneaux dans le vin blanc pendant 15 minutes à tout petits bouillons. Les laisser tremper et les disposer dans le plat du chapon 20 minutes avant la fin de cuisson.
- Sortir le chapon du four. Jeter les trois quarts du jus de cuisson gras. Flamber avec le cognac. Découper le chapon dans son plat de cuisson pour en récupérer le jus. Déglacer ensuite avec les 20 cl de crème fleurette.
- Dresser les morceaux de chapon sur un plat chaud, entourés des pruneaux. Faire réchauffer la sauce et la mettre dans une saucière. Servir immédiatement.

CONFIT DE CANARD À LA CHOUCROUTE

POUR 4 PERSONNES
PRÉPARATION : 10 MINUTES
CUISSON : 30 MINUTES

- 4 CUISSES DE CONFIT DE CANARD
- 800 G DE CHOUCROUTE FRAÎCHE

- Dégraisser le confit et disposer les cuisses dans le compartiment supérieur du cuit-vapeur.
- Placer le chou dans l'autre compartiment. Assaisonner si nécessaire.
- Faire cuire 30 minutes à partir de l'ébullition de l'eau.
- Remuer de temps en temps le chou pour qu'il cuise de manière uniforme.
- Servir le confit entouré du chou.

COQ AU VIN

POUR 4 PERSONNES
<u>PRÉPARATION</u> : 30 MINUTES
<u>CUISSON</u> : 1 HEURE 10

ACCOMPAGNEMENTS RECOMMANDÉS :
PURÉE DE CÉLERI RAVE
PURÉE D'OIGNONS

- 1 GROS POULET FERMIER
- 2 OIGNONS ÉMINCÉS
- 2 GOUSSES D'AIL
- 100 G DE LARDONS
- 400 G DE CHAMPIGNONS EN BOÎTE
- 50 CL DE VIN ROUGE TANNIQUE (CORBIÈRES, CÔTES-DU-RHÔNE)
- 2 CUILLERÉES À SOUPE DE GRAISSE D'OIE
- SEL, POIVRE, PIMENT DE CAYENNE

- Découper le poulet en plusieurs morceaux. Enlever la plus grosse partie de la peau.
- Dans une cocotte, mettre la graisse d'oie. Y faire revenir à feu doux les oignons et l'ail.
- Pendant ce temps, faire revenir les lardons dans une poêle anti-adhésive jusqu'à ce qu'ils aient rendu le maximum de graisse.
- Faire dorer les morceaux de poulet dans la cocotte. Ajouter les lardons (sans leur graisse de cuisson) et mouiller avec le vin rouge. Saler, poivrer et pimenter. Commencer à monter en température jusqu'à obtenir un gros bouillon, puis réduire le feu et commencer le mijotage.
- Faire égoutter les champignons. En passer la moitié au mixer (en mouillant avec le vin) pour faire une purée. Ajouter cette purée, ainsi que le reste des champignons, à la préparation précédente.
- Remuer et faire mijoter à petits bouillons pendant 1 heure. Rectifier l'assaisonnement. Laisser refroidir.
- Servir le coq au vin après l'avoir fait réchauffer tout doucement.

COQUELETS AUX CÈPES

POUR 4 PERSONNES
PRÉPARATION : 20 MINUTES
CUISSON : 45 MINUTES

- 2 COQUELETS DE 600 À 800 G CHACUN
- 8 BEAUX CÈPES FRAIS
- LE JUS D'1 CITRON
- 1 CUILLERÉE À SOUPE DE PERSIL FRAIS HACHÉ
- HUILE D'OLIVE
- SEL, POIVRE

- Nettoyer les cèpes puis les couper en morceaux.
- Couper les coquelets en huit morceaux.
- Faire chauffer de l'huile d'olive dans une cocotte. Y mettre à dorer les morceaux de coquelet sur toutes leurs faces et notamment sur celle comportant de la peau. L'opération doit prendre une douzaine de minutes. Saler et poivrer.
- Ajouter les cèpes dans la cocotte et arroser d'huile d'olive. Baisser le feu au minimum, couvrir la cocotte et faire cuire pendant 30 minutes. À mi-cuisson, ajouter le sel, le poivre et le jus de citron.
- Servir chaud après avoir parsemé de persil.

DINDE AUX POMMES

POUR 8 PERSONNES
PRÉPARATION : 30 MINUTES
CUISSON : 2 HEURES 40

- 1 DINDE DE 3,5 KG
- 600 G D'OIGNONS ÉMINCÉS
- 1,5 KG DE POMMES (REINETTES DU CANADA)
- 4 GOUSSES D'AIL ÉMINCÉES
- 6 FEUILLES DE SAUGE FRAÎCHE
- GRAISSE D'OIE
- HUILE D'OLIVE
- 1 CITRON
- SEL, POIVRE, PIMENT DE CAYENNE
- 1 VERRE DE CIDRE
- 20 CL DE CRÈME FLEURETTE

- Dans une poêle, faire revenir à petit feu les oignons dans de l'huile d'olive. Rajouter l'ail dans la dernière phase de la cuisson.
- Peler le tiers des pommes et les couper en quartiers. Les citronner pour éviter qu'elles ne s'oxydent puis les faire cuire dans une poêle à petit feu avec un peu de graisse d'oie.
- Ciseler la sauge et faire une farce en rajoutant les oignons, l'ail et les pommes. Saler, poivrer, pimenter.
- Farcir la dinde et recoudre l'ouverture. Enduire la dinde de graisse d'oie. Saler, poivrer et pimenter. Mettre à cuire à four chaud (th. 6 – 190 °C) dans un plat creux avec un bon verre d'eau. Laisser cuire 2 heures 15 en arrosant toutes les 30 minutes.
- Dans la dernière demi-heure, récupérer le jus de cuisson et ajouter le reste des pommes pelées et coupées en quartier. Arroser les pommes avec le quart de ce jus et réserver le reste pour la sauce.
- En fin de cuisson, déglacer le plat avec le cidre. Confectionner la sauce avec, en rajoutant la crème fleurette et du jus de cuisson réservé.

ÉMINCÉS DE BLANC DE POULET AU CURRY

POUR 5 PERSONNES
PRÉPARATION : 20 MINUTES
CUISSON : 35 MINUTES

- 5 BLANCS DE POULET
- 3 GROS OIGNONS ÉMINCÉS
- 500 G DE CHAMPIGNONS DE PARIS
- 30 CL DE CRÈME FLEURETTE À 15 % DE MG (OU DE CRÈME DE SOJA)
- GRAISSE D'OIE
- HUILE D'OLIVE
- 3 CUILLERÉES À CAFÉ DE CURRY
- SEL, POIVRE, PIMENT DOUX D'ESPAGNE, HERBES DE PROVENCE

- Faire revenir les oignons à la cocotte dans de l'huile d'olive.
- Nettoyer les champignons, les émincer et les faire cuire dans un cuit-vapeur pendant 20 minutes.
- Couper les blancs de poulet en morceaux de 2 cm d'épaisseur.
- Les faire revenir à feu doux dans une poêle avec un peu de graisse d'oie. Saler généreusement, poivrer, mettre du piment doux d'Espagne et saupoudrer d'herbes de Provence. Remuer les morceaux pour bien répartir la cuisson. Celle-ci doit être minimale pour laisser au poulet son blanc moelleux.
- Avec les oignons, réunir dans la cocotte les champignons et le poulet. Rajouter la crème fleurette et 3 cuillerées à café rases de curry. Bien remuer et faire cuire à couvert et à feu très très doux pendant 5 minutes.
- Rectifier l'assaisonnement en ce qui concerne le curry, notamment en fonction du goût des convives pour les épices.

ESCALOPES DE DINDE À LA CRÈME

POUR 4 PERSONNES
PRÉPARATION : 10 MINUTES
CUISSON : 20 MINUTES

ACCOMPAGNEMENTS RECOMMANDÉS :
ÉPINARDS
HARICOTS VERTS

- 4 ESCALOPES DE DINDONNEAU
- 10 CL DE VIN BLANC SEC
- 1 YAOURT
- 1 CUILLERÉE À SOUPE DE MOUTARDE
- GRAISSE D'OIE
- 1 CUILLERÉE À SOUPE DE PERSIL FRAIS HACHÉ

- Dans une poêle, faire dorer les escalopes à feu moyen dans de la graisse d'oie. Saler, poivrer et réserver au chaud sur le plat de service.
- Déglacer à la poêle avec le vin blanc. Laisser un peu bouillir puis ajouter le yaourt mélangé à la moutarde. Laisser chauffer quelques minutes à feu doux.
- Napper les escalopes avec la sauce et saupoudrer de persil.

FAISAN À LA CHOUCROUTE

POUR 4 PERSONNES
PRÉPARATION : 30 MINUTES
CUISSON : 1 HEURE 45

- 2 PETITS FAISANS PLUMÉS ET VIDÉS
- 2 BARDES DE LARD
- 1,2 KG DE CHOUCROUTE CRUE
- 300 G DE LARDONS
- 2 PETITS OIGNONS
- 1 BOUQUET GARNI
- GRAINS DE GENIÈVRE
- GRAINS DE POIVRE
- VIN BLANC
- GRAISSE D'OIE
- 1/2 VERRE DE COGNAC
- SEL ET POIVRE

- Laver la choucroute. Bien l'égoutter en la pressant.
- Dans une cocotte, faire revenir les lardons avec les oignons coupés en quatre. Ajouter le bouquet garni, une dizaine de grains de genièvre et de poivre.
- Y déposer la choucroute. Verser du vin blanc jusqu'à ce que le liquide arrive à peu près à hauteur de la choucroute. Porter à ébullition, puis couvrir et mettre le faitout dans le four (th. 4 – 130 °C) pendant 1 heure.
- Ficeler la barde de lard sur chaque faisan.
- Dans une seconde cocotte, faire chauffer 2 cuillerées à soupe de graisse d'oie. Y faire revenir les faisans sur toutes les faces après les avoir salés et poivrés. Quand ils sont bien dorés, couvrir et continuer la cuisson à feu doux pendant 30 minutes.
- Sortir la choucroute en vérifiant son degré de cuisson (elle doit être translucide). L'égoutter, retirer l'oignon et le bouquet garni. La disposer sur le plat de service et réserver au chaud.

- Découper les faisans en deux et les flamber avec le cognac.
- Retirer les ficelles et placer les faisans sur le lit de choucroute. Déglacer la cocotte de cuisson des faisans avec un peu de vin blanc. Arroser avec cette sauce ou la mettre à disposition dans une saucière.
- Servir aussitôt.

FILETS DE DINDONNEAU AU PORTO

POUR 4 PERSONNES
PRÉPARATION : 20 MINUTES
CUISSON : 30 MINUTES

- 4 FILETS DE DINDONNEAU
- 4 BLANCS DE POIREAUX
- 2 ÉCHALOTES HACHÉES
- 20 CL DE BOUILLON DE POULE INSTANTANÉ
- 20 CL DE CRÈME FLEURETTE
- 2 CUILLERÉES À SOUPE DE PORTO
- SEL, POIVRE, PIMENT DE CAYENNE
- HUILE D'OLIVE

- Couper les blancs de poireaux en fines lamelles. Dans une cocotte contenant de l'huile d'olive, laisser cuire à petit feu avec les échalotes en remuant régulièrement.
- Ajouter le bouillon, la crème fleurette, le porto, le sel, le poivre et le piment. Laisser cuire à petit feu et à couvert pendant 10 minutes.
- Mettre les filets de dindonneau dans la cocotte et laisser cuire à feu moyen pendant 10 minutes.
- Retirer la viande sur le plat de service et réserver au chaud.
- Passer les blancs de poireaux dans une passoire (en réservant la sauce) et les disposer autour de la viande.
- Faire réduire et en napper la viande.

MAGRET AUX OLIVES

POUR 4 PERSONNES
PRÉPARATION : 15 MINUTES
CUISSON : 20 MINUTES

ACCOMPAGNEMENTS RECOMMANDÉS :
CHAMPIGNONS PERSILLÉS
GRATIN D'AUBERGINES OU DE COURGETTES

- 500 G D'OLIVES VERTES DÉNOYAUTÉES
- 3 MAGRETS DE CANARD
- SEL, POIVRE, PIMENT DE CAYENNE
- HUILE D'OLIVE

- Passer 200 g d'olives au mixer avec 1 cuillerée d'huile d'olive pour obtenir une purée.
- Dégraisser les magrets en enlevant les trois quarts de la couche de graisse qui les recouvre.
- Garder un tiers de cette graisse et la couper en petits dés, que l'on fera fondre complètement dans une cocotte à feu très doux.
- Retirer les éventuels résidus non fondus avec une écumoire.
- Rajouter la purée d'olives. Saler et poivrer, puis ajouter le reste des olives et faire cuire en remuant pendant 5 minutes.
- Dans une poêle antiadhésive, faire saisir les magrets sur la partie grasse pendant 2 minutes. Éteindre le feu.
- Couper les magrets en morceaux d'1 cm d'épaisseur puis les remettre au fur et à mesure dans la cocotte.
- Servir sur des assiettes chaudes.

MAGRETS DE CANARD À L'ORANGE

POUR 4 PERSONNES
PRÉPARATION : 20 MINUTES
CUISSON : 15 MINUTES

- 3 MAGRETS
- 3 ORANGES
- LE JUS DE 2 ORANGES
- LE ZESTE D'1 ORANGE
- SEL, POIVRE

- Avec un couteau bien aiguisé, lever le gras des magrets en en laissant cependant environ 1 mm.
- Couper le gras d'un des magrets en petits dés de quelques millimètres et jeter les autres.
- Dans une cocotte, faire fondre à feu très doux les dés de gras.
- Enlever à l'écumoire les éventuels morceaux qui n'auraient pas fondu.
- Peler les trois oranges et les couper en rondelles.
- Faire pocher les rondelles d'oranges dans la cocotte pendant 3 minutes.
- Dans un plat allant au four, disposer les magrets côté gras (dégraissé) vers le haut. Saler.
- Répartir les morceaux d'oranges autour et ajouter le jus des 2 autres oranges.
- Mettre sous le gril du four préalablement chauffé (10 cm) pendant 6 minutes. Éteindre le gril et mettre le four sur la position th. 3 (100 °C).
- Sortir les magrets sur la planche à découper et remettre le plat de cuisson au four pendant 2 ou 3 minutes (sauf si les convives aiment le magret très saignant).
- Couper les magrets en tranches fines (5 mm d'épaisseur) et les remettre dans le plat de cuisson avec leur jus de découpe.
- Servir rapidement sur des assiettes chaudes.

MAGRETS DE CANARD EN PAPILLOTES

POUR 5 PERSONNES
PRÉPARATION : 15 MINUTES
CUISSON : 15 MINUTES

ACCOMPAGNEMENTS RECOMMANDÉS :
PURÉE DE CÉLERI
CHAMPIGNONS PERSILLÉS
TOMATES PROVENÇALES

- 4 MAGRETS
- 20 CL DE CRÈME FRAÎCHE
- 2 CUILLERÉES À SOUPE DE MOUTARDE FORTE
- SEL, POIVRE, PIMENT DE CAYENNE, HERBES DE PROVENCE

- Poser chaque magret de canard sur le côté gras au milieu d'un rectangle de papier aluminium. Saler, poivrer, pimenter et mettre quelques herbes de Provence. Refermer la papillote en lui donnant la forme d'une gondole.
- Mettre à cuire sur les braises du barbecue, sur le gril, dans la cheminée ou encore dans un four préchauffé (th. 8 – 250 °C). Faire cuire 5 à 10 minutes en fonction du mode de cuisson et de l'intensité du feu. Le mieux est de défaire une papillote au bout de 6 minutes pour vérifier la cuisson.
- Couper sur la planche de fines tranches de magret et réserver dans un plat de service chaud.
- Récupérer l'équivalent de 2 cuillerées à soupe de graisse de cuisson dans une casserole et mélanger avec la moutarde et la crème fraîche pour obtenir une bonne sauce.

Oie farcie aux marrons

Pour 10 personnes
Préparation : 30 minutes
Cuisson : 3 heures 45

- 1 oie de 3 kg (avec son foie,
- si possible)
- 2 kg de marrons frais
- 3 cubes de bouillon de volaille instantané
- 3 cuillerées à soupe de crème fraîche
- 2 feuilles de laurier
- 40 cl de crème fleurette
- sel, poivre, piment,
- herbes de Provence

- Préparer 1 litre de bouillon de volaille en ajoutant les feuilles de laurier. Peler les marrons et les faire cuire 35 minutes dans le bouillon. Égoutter. Réserver.
- Faire cuire le foie de l'oie (ou, à défaut, 500 g de foies de volaille) dans une poêle avec de la graisse d'oie. Saler, poivrer et ajouter quelques herbes de Provence.
- Passer au mixer un peu moins de la moitié des marrons, le foie et la crème fraîche. Saler et surtout poivrer et pimenter.
- Remplissez l'oie avec cette farce et la refermer en cousant l'orifice.
- Placer l'oie dans un grand plat allant au four. Faire cuire à feu doux (th. 5 – 160 °C) pendant au moins 3 heures.
- Au cours de la cuisson, enlever la graisse rejetée, qui devra être gardée pour des cuissons ultérieures.
- Dans la dernière demi-heure, rajouter le reste des marrons.
- Déglacer le plat de cuisson avec la crème fleurette, après avoir éliminé la plus grande partie de la graisse.

Perdrix au chou

Pour 4 personnes
Préparation : 30 minutes
Cuisson : 2 heures

- 2 perdrix
- 2 bardes de lard
- 1 chou pommé
- 250 g de lardons
- 1 oignon
- 1 bouquet garni
- 20 cl de bouillon de poule instantané
- 2 cuillerées à soupe de graisse d'oie
- sel, poivre

- Barder et ficeler les perdrix.
- Dans un faitout, mettre à bouillir 1,5 litre d'eau salée.
- Effeuiller le chou, retirer les côtes et le couper en quatre.
- Faire blanchir 10 minutes dans l'eau bouillante. Égoutter.
- Dans une grande cocotte, faire fondre la graisse d'oie. Faire revenir les lardons et l'oignon coupé en quatre. Laisser dorer quelques minutes, retirer avec l'écumoire et réserver au chaud.
- Dans la même cocotte, faire revenir les perdrix à feu moyen. Bien les faire colorer de tous côtés au moins 15 minutes. Saler, poivrer.
- Retirer les perdrix et mettre le chou à la place. Saler, poivrer et ajouter le bouquet garni. Mouiller avec le bouillon. Laisser mijoter à feu doux pendant 15 minutes environ.
- Sortir le chou et jeter le bouquet garni.
- Dans un grand plat allant au four, répartir la moitié du chou. Placer dessus les perdrix et les lardons. Recouvrir avec le reste du chou et arroser le tout avec le jus de cuisson du faitout. Poser par-dessus un papier alu pour faire couvercle.
- Laisser cuire à four chaud (th. 7 – 230 °C) pendant 1 heure.

PERDRIX EN PAPILLOTE

POUR 4 PERSONNES
PRÉPARATION : 20 MINUTES
CUISSON : 30 MINUTES

ACCOMPAGNEMENTS RECOMMANDÉS :
BROCOLIS CUITS À LA VAPEUR
HARICOTS VERTS

- 4 PERDRIX (PLUMÉES ET VIDÉES)
- 4 CUILLERÉES DE GRAISSE D'OIE
- PAPIER ALUMINIUM
- 1 BOTTE DE CRESSON
- SEL, POIVRE

- Couper les perdrix en deux dans la longueur.
- Les enduire de graisse d'oie. Saler et poivrer.
- Envelopper chaque demi-perdrix dans du papier aluminium et faire une papillote.
- Préchauffer le four (th. 7 – 210 °C).
- Enfourner les papillotes et laisser cuire 30 minutes.
- Servir les perdrix dans des assiettes décorées avec des feuilles de cresson.

PIGEONNEAUX FARCIS AU THYM

POUR 4 PERSONNES
PRÉPARATION : 20 MINUTES
CUISSON : 45 MINUTES

ACCOMPAGNEMENTS RECOMMANDÉS :
PURÉE DE POIVRONS
PURÉE DE NAVETS

- 4 JEUNES PIGEONS
- 4 ÉCHALOTES ÉMINCÉES
- 8 GOUSSES D'AIL ÉMINCÉES
- 1 GROS BOUQUET DE THYM FRAIS
- 1 BOUQUET DE PERSIL
- 1/2 VERRE DE COGNAC
- GRAISSE D'OIE
- SEL, POIVRE

- Faire préparer les pigeons (plumés, vidés, pattes et cou coupés) et demander les foies, gésiers et cœurs (à défaut, acheter 200 g de foies de volaille).
- Faire cuire les foies, gésiers et cœurs dans un peu de graisse d'oie après les avoir découpés en petits morceaux. Saler, poivrer.
- Dans la même poêle, faire revenir les échalotes et l'ail. Pour cela, rajouter éventuellement un peu de graisse d'oie.
- Mettre dans le mixer foies, gésiers, cœurs, ail, échalote avec leur jus de cuisson ainsi que thym et persil pour faire la farce.
- Répartir équitablement cette farce à l'intérieur des pigeonneaux.
- Mettre au four préalablement chauffé (th. 6 – 190 °C) pendant 30 à 35 minutes, après les avoir enduits de graisse d'oie, salés et poivrés.
- À mi-cuisson, arroser avec un petit verre d'eau chaude salée.
- La cuisson terminée, couper les pigeons en deux sur une planche. Les remettre dans le plat de cuisson et flamber avec le cognac.

PIGEONS AUX PETITS POIS

POUR 4 PERSONNES
PRÉPARATION : 20 MINUTES
CUISSON : 55 MINUTES

- 4 PIGEONS (PLUMÉS ET VIDÉS)
- 2 OIGNONS ÉMINCÉS
- 15 CL DE VIN BLANC SEC
- 15 CL DE BOUILLON DE VOLAILLE INSTANTANÉ
- 500 G DE PETITS POIS EXTRA-FINS
- 125 G DE JAMBON DE PAYS (TRANCHE ÉPAISSE DE 1/2 CM)
- 2 CUILLERÉES À SOUPE DE GRAISSE D'OIE
- SEL, POIVRE DU MOULIN, PIMENT DE CAYENNE

- Couper le jambon en petits dés.
- Saler, poivrer et pimenter l'intérieur des pigeons.
- Faire fondre la graisse d'oie dans une grande cocotte. Y faire revenir les oignons 2 à 3 minutes. Ajouter les pigeons et les faire dorer sur toutes les faces.
- Mouiller avec le vin blanc et ajouter le jambon. Faire cuire à petit feu pendant 10 minutes.
- Ajouter le bouillon et couvrir. Laisser cuire à feu très doux pendant 20 minutes.
- Ajouter les petits pois et laisser cuire encore à couvert pendant 15 minutes.
- Dresser sur un plat de service creux de manière à recueillir tout le jus de cuisson.

PINTADE FLAMBÉE AUX ENDIVES

POUR 4 PERSONNES
PRÉPARATION : 25 MINUTES
CUISSON : 55 MINUTES

- 1 PINTADE DE 1,2 KG
- 8 ENDIVES
- GRAISSE D'OIE
- 1/2 VERRE DE COGNAC
- 10 CL DE CRÈME FLEURETTE
- SEL, POIVRE, PIMENT DE CAYENNE

- Masser la pintade à la graisse d'oie. Saler, poivrer et pimenter.
- Mettre à rôtir au four (th. 7 – 230 °C) dans un plat en grès suffisamment grand, pendant 55 minutes.
- Pendant ce temps, faire bouillir les endives 30 minutes dans une casserole d'eau salée. Bien les égoutter.
- Un quart d'heure avant la fin de la cuisson de la pintade, mettre les endives dans le plat du four.
- Sortir les endives et les déposer dans un plat de service.
- Découper la pintade dans le plat de cuisson et flamber les morceaux avec le cognac. Mettre les morceaux de pintade sur le plat de service.
- Déglacer le plat de cuisson avec la crème fleurette et mettre la sauce dans une saucière chaude.

POT-AU-FEU DE DINDE

POUR 6 PERSONNES
PRÉPARATION : 15 MINUTES
CUISSON : 1 HEURE 20

- 5 HAUTS DE CUISSE DE DINDE
- 3 GROS OIGNONS
- 4 OU 5 PETITS NAVETS
- 250 G DE HARICOTS VERTS
- 40 CL DE BOUILLON DE POULE INSTANTANÉ
- 3 CUILLERÉES À SOUPE DE GRAISSE D'OIE
- BOUQUET GARNI
- SEL, POIVRE

- Mettre la graisse d'oie dans une cocotte et faire revenir à feu doux pendant quelques minutes les oignons émincés.
- Pendant ce temps, couper les navets en dés et tronçonner les haricots verts. Les mettre dans la cocotte et les mélanger avec les oignons en poursuivant la cuisson pendant quelques minutes.
- Poser les morceaux de dinde les uns à côté des autres sur les légumes. Saler, poivrer et ajouter le bouquet garni.
- Verser le bouillon chaud. Augmenter le feu jusqu'à ébullition. Couvrir et laisser mijoter pendant 1 heure.
- Servir ou éventuellement laisser refroidir de manière à pouvoir dégraisser. Réchauffer ensuite dans le bouillon.

POULET À L'AIL

POUR 4 PERSONNES
PRÉPARATION : 20 MINUTES
CUISSON : 1 HEURE 20

ACCOMPAGNEMENTS RECOMMANDÉS :
FENOUIL BRAISÉ
CUBES DE CÉLERI RAVE REVENUS À LA GRAISSE D'OIE

- 1 POULET FERMIER DE 1,4 KG ENVIRON AVEC LE FOIE
- 4 TÊTES D'AIL (UNE VINGTAINE
- DE GOUSSES)
- 1 BRANCHE DE CÉLERI
- GRAISSE D'OIE

- Faire cuire le foie dans une poêle avec de la graisse d'oie. Saler, poivrer.
- Écraser 4 gousses d'ail et couper la branche de céleri en petits morceaux.
- Mixer ensemble le foie, 5 gousses d'ail écrasées, les morceaux de céleri et 1 cuillerée à soupe de graisse d'oie pour obtenir une purée. Saler, poivrer.
- Farcir le poulet avec cette purée.
- Mettre le poulet dans un plat. Le masser avec la graisse d'oie. Saler, poivrer et pimenter. Enfourner (th. 7 – 210 °C) et laisser cuire pendant 1 heure 15.
- Après 20 minutes de cuisson, arroser le poulet avec un verre d'eau chaude salée. Mettre les gousses d'ail restant non décortiquées autour du poulet et les laisser cuire jusqu'à la fin.

POULET À LA PROVENÇALE

POUR 4/5 PERSONNES
PRÉPARATION : 15 MINUTES
CUISSON : 40 MINUTES

ACCOMPAGNEMENT RECOMMANDÉ : RATATOUILLE

- 1 BEAU POULET FERMIER
- 1 GROS OIGNON ÉMINCÉ
- 4 GOUSSES D'AIL ÉMINCÉES
- 25 CL DE BOUILLON DE POULE INSTANTANÉ
- 3 CUILLERÉES À SOUPE DE CONCENTRÉ DE TOMATES
- HUILE D'OLIVE
- SEL, POIVRE, PIMENT DE CAYENNE, HERBES DE PROVENCE

- Couper le poulet en huit morceaux.
- Mettre les morceaux de poulet dans un plat à gratin en les installant côté peau sur le dessus. Arroser d'huile d'olive. Saler, poivrer et pimenter.
- Mettre à cuire sous le gril pendant 30 minutes environ. La peau doit fondre progressivement et devenir sèche et croustillante sans brûler. Il faut donc ajuster en conséquence la hauteur du plat par rapport au gril.
- Dans une casserole, faire revenir les oignons et l'ail dans de l'huile d'olive. Mouiller avec le bouillon de poule et rajouter la tomate concentrée. Bien remuer. Saler, poivrer.
- Napper les morceaux de poulet avec la sauce tomate. Saupoudrer avec quelques herbes de Provence, et remettre au four (th. 4 – 130 °C) pendant 5 ou 10 minutes.
- Servir dans le plat de cuisson ou dans un plat de service chaud.

POULET AUX POMMES ET CRÈME DE CIDRE

POUR 4 À 5 PERSONNES
PRÉPARATION : 20 MINUTES
CUISSON : 1 HEURE 40

- 1 BEAU POULET FERMIER DE 1,5 KG
- 1 KG DE POMMES
- 20 CL DE CIDRE
- 1 CUBE DE BOUILLON DE POULE
- 20 CL DE CRÈME FLEURETTE
- CANNELLE
- GRAISSE D'OIE
- SEL, POIVRE, PIMENT DE CAYENNE

- Mettre le poulet au four (th. 7 – 220 °C) après l'avoir assaisonné (sel, poivre, piment de Cayenne), et graissé avec 1 cuillerée à soupe de graisse d'oie. Faire cuire 1 heure 20.
- Peler les pommes et les couper en morceaux.
- Les faire cuire dans une poêle avec de la graisse d'oie. Remuer régulièrement. Saler, poivrer et saupoudrer généreusement de cannelle. Réserver.
- Pour la crème de cidre, mettre le cidre à bouillir dans une casserole et le faire réduire des trois quarts. Ajouter un cube de bouillon de poule et bien le faire fondre, puis ajouter la crème fleurette. Porter à ébullition et éteindre le feu. Rectifier l'assaisonnement si nécessaire.
- Dans le dernier quart d'heure de cuisson, disposer les pommes autour du poulet.
- Découper le poulet et le servir nappé de crème de cidre réchauffée et accompagné des pommes à la cannelle.

Poulet en croûte de sel

Pour 4 personnes
Préparation : 10 minutes
Cuisson : 1 heure 40

Accompagnements recommandés :
Endives braisées
Chou-fleur au gratin
Gratinée de courgettes

- 1 beau poulet fermier
- 2 à 3 kg de gros sel
- 30 cl de crème fleurette
- 1 cube de bouillon de poule

- Dans un faitout en fonte suffisamment grand, mettre une couche de 2 cm de sel. Y poser le poulet. Recouvrir de sel, de telle manière qu'il y ait au moins 1,5 cm sur le dessus.
- Mettre dans un four réchauffé (th. 6 – 180 °C). Laisser cuire 1 heure 30.
- Casser la croûte de sel et sortir le poulet. Il est prêt à être découpé et mangé.
- Comme il n'y a pas de jus de cuisson, on pourra improviser une sauce en faisant fondre 1 cube de bouillon de volaille dans 30 cl de crème fleurette. Réduire d'abord le cube en poudre en le grattant avec la lame d'un couteau. Éviter de faire trop chauffer la crème.

POULET FARCI À L'AIL

POUR 5 PERSONNES
PRÉPARATION : 30 MINUTES
CUISSON : 2 HEURES

ACCOMPAGNEMENTS RECOMMANDÉS :
ENDIVES BRAISÉES
TOMATES PROVENÇALES

- 1 BEAU POULET FERMIER DE 1,5 KG AVEC FOIE ET GÉSIER
- 3 TÊTES D'AIL
- 1 ŒUF + 1 JAUNE
- SEL, POIVRE, PIMENT DE CAYENNE
- GRAISSE D'OIE
- HERBES DE PROVENCE

- Préparer les gousses d'ail et les faire cuire dans le cuit-vapeur pendant 30 minutes.
- Couper le foie et le gésier en tout petits morceaux et les faire revenir dans une poêle à feu moyen avec un peu de graisse d'oie.
- Mettre dans le tout dans un mixer avec les œufs. Saler, poivrer et pimenter.
- Farcir le poulet et bloquer l'orifice avec un tampon de papier alu ou encore le coudre.
- Masser le poulet avec la graisse d'oie et en laisser l'équivalent d'une cuillerée à soupe sur le dos.
- Saler, poivrer et saupoudrer d'herbes de Provence.
- Mettre à cuire à four chaud (th. 7 – 220 °C) pendant 1 heure 15.
- À mi-cuisson, verser un verre d'eau chaude salée dans le plat de cuisson et arroser le poulet avec le jus.
- Découper le poulet et récupérer la farce.
- Déglacer le plat de cuisson avec de l'eau chaude et servir la sauce à part.

RÔTI DE MAGRET

POUR 4 PERSONNES
PRÉPARATION : 20 MINUTES
CUISSON : 25 MINUTES

ACCOMPAGNEMENTS RECOMMANDÉS :
HARICOTS BLANCS COCO
CHAMPIGNONS PERSILLÉS
CÈPES

- 3 BEAUX MAGRETS
- 2 GOUSSES D'AIL
- SEL, POIVRE, HERBES DE PROVENCE

- Enlever la totalité de la couche de graisse de l'un des trois magrets. Pour cela, étirer à la main le gras et le maigre et avec la pointe d'un couteau bien aiguisé, entailler la jointure.
- Construire le rôti en plaçant le magret dégraissé en sandwich entre les deux autres magrets, les deux couches de graisse de ces derniers se trouvant à l'extérieur. Prendre soin d'assaisonner chaque face (sel, poivre, herbes) préalablement.
- Avec de la ficelle à gigot, ficeler les trois magrets pour terminer le rôti.
- Couper les gousses d'ail en deux et les enfoncer dans le rôti après avoir réalisé une ouverture avec la pointe du couteau.
- Mettre au four dans un plat de cuisson (th. 7 – 220 °C).
- Faire cuire 25 minutes en retirant la graisse à mi-cuisson et en arrosant d'un demi-verre d'eau chaude salée. Découper comme un rôti de bœuf. Le cœur doit être très rosé et chaud.
- Servir avec le jus de cuisson mélangé au jus de découpe.
- On peut aussi déglacer le plat de cuisson avec de la crème fleurette assaisonnée de sel, poivre et d'une pointe de piment de Cayenne.

SALMIS DE PALOMBES

POUR 4 PERSONNES
PRÉPARATION : 30 MINUTES
CUISSON : 1 HEURE 15

ACCOMPAGNEMENTS RECOMMANDÉS :
CHOU-FLEUR AU GRATIN
POIREAUX À LA VAPEUR

- 4 PALOMBES (OU, À DÉFAUT, 4 PIGEONS), AVEC LEUR FOIE
- 1 TRANCHE ÉPAISSE DE POITRINE DE PORC FRAÎCHE
- 3 GOUSSES D'AIL ÉMINCÉES
- 1 BOUQUET DE PERSIL
- 1 VERRE D'ARMAGNAC
- 200 G DE CHAMPIGNONS DE PARIS
- 3 ÉCHALOTES ÉMINCÉES
- GRAISSE D'OIE
- BOUILLON DE POULE
- SEL, POIVRE, HUILE D'OLIVE

- Mettre 2 cuillerées à soupe de graisse d'oie dans une cocotte. Faire saisir les palombes à feu doux en les tournant sur toutes les faces pendant 15 minutes. Saler, poivrer. Puis flamber avec 1/2 verre d'armagnac. Réserver ensuite dans un plat à part.
- Rajouter 1 bonne cuillerée à soupe de graisse dans la cocotte. Y faire revenir à feu doux l'échalote, l'ail et la poitrine de porc coupée en petits dés. Saler, poivrer.
- Ajouter un bon verre de vin blanc chaud et 1/2 litre de bouillon de poule que l'on aura préparé par ailleurs. Porter le tout à ébullition et laisser refroidir.
- Faire revenir les foies dans une poêle avec un peu de graisse d'oie. Les passer au mixer avec 1 cuillerée à café d'armagnac et mélanger à la préparation précédente, que l'on portera à nouveau à ébullition.
- Découper les palombes en quatre. Les plonger pendant 15 minutes à couvert et 15 minutes à découvert dans la cocotte.

- Pendant ce temps, faire cuire les champignons dans un peu d'huile d'olive. Quand ils ont rendu toute leur eau, les prendre avec l'écumoire et les passer au mixer avec 1 cuillerée d'huile d'olive fraîche pour en faire une purée.
- Mélanger cette purée à la sauce du salmis pour l'épaissir. Rectifier l'assaisonnement. Faire cuire 5 minutes et servir.

BROCHETTES D'ESPADON

POUR 4 PERSONNES
PRÉPARATION : 20 MINUTES
CUISSON : 15 MINUTES

ACCOMPAGNEMENTS RECOMMANDÉS :
RATATOUILLE
SALADE VERTE

- 1 KG D'ESPADON PRÉPARÉ
- 4 TOMATES PAS TROP MÛRES
- 2 OIGNONS
- 4 POIVRONS VERTS
- HUILE D'OLIVE
- ORIGAN, SEL, POIVRE
- HERBES DE PROVENCE

- Découper la chair du poisson en cubes de 2,5 cm environ de côté.
- Découper les tomates en huit quartiers.
- Faire de même avec les oignons.
- Ouvrir les poivrons, retirer les graines et couper des morceaux carrés de 2 à 3 cm de côté.
- Monter les brochettes dans l'ordre suivant : poivron, tomate, oignon, espadon, oignon, tomate...
- Les disposer dans un plat allant au four (lèchefrite par exemple). Asperger d'huile d'olive et saupoudrer de quelques herbes de Provence.
- Rajouter sel, poivre et origan.
- Mettre à cuire à 10 cm en dessous du gril. Retourner régulièrement en arrosant avec le jus de cuisson.

Calamars à la provençale

Pour 4/5 personnes
Préparation : 15 minutes
Cuisson : 45 minutes

- 1,250 kg de calamars
- 400 g de petits piments verts doux
- 6 tomates bien mûres
- 5 gousses d'ail
- huile d'olive
- sel, poivre, piment de Cayenne

- Demander au poissonnier de préparer les calamars pour ne garder que la tête et les cornets.
- Ébouillanter les tomates 1 minute pour leur enlever la peau plus facilement. Les couper en deux et les épépiner. Couper la pulpe en gros dés et faire réduire à feu très doux dans une casserole avec 2 cuillerées à soupe d'huile d'olive. Saler, poivrer et réserver.
- Faire revenir les piments verts à feu doux dans de l'huile d'olive pendant au mois 20 minutes. Saler, poivrer. Dans les 5 dernières minutes, faire légèrement dorer l'ail coupé en fines lamelles dans la même poêle de cuisson, en évitant de le faire brûler.
- Faire frire à feu léger les têtes et les cornets de calamars dans une poêle avec de l'huile d'olive. Saler, poivrer et surtout pimenter.
- Dans un plat de service en terre cuite, déposer les piments verts avec l'ail et son jus de cuisson, les calamars, et arroser avec le coulis. Bien mélanger et laisser mijoter 15 minutes à four tiède (th. 2 – 70 °C) avant de servir sur des assiettes chaudes.

Dorades à la basquaise

Pour 4 personnes
Préparation : 20 minutes
Cuisson : 25 minutes

Accompagnements recommandés :
Ratatouille
Tomates provençales

- 2 dorades de 600 à 700 g chacune
- 5 gousses d'ail
- 1/2 verre de vinaigre de Xérès
- 2 citrons
- huile d'olive
- 1 bouquet de persil
- sel, poivre, piment

- Demander à votre poissonnier d'écailler et de vider les dorades.
- Les farcir de persil et de 2 ou 3 rondelles de citron. Saler, poivrer et pimenter.
- Mettre au four (th. 6 – 190 °C) dans un plat après les avoir badigconnées d'huile d'olive. Faire cuire pendant 20 minutes en les retournant à mi-cuisson.
- Ouvrir les dorades en dégageant l'arête centrale. Arroser de jus de citron et réserver au chaud.
- Couper l'ail en fines lamelles et les faire blondir à feu doux dans 3 cuillerées à soupe d'huile d'olive. Saler, poivrer, pimenter. Rajouter au dernier moment le vinaigre de xérès.
- Après 30 secondes de cuisson, jeter ce mélange bouillant sur les dorades, que l'on aura préalablement disposées sur des assiettes chaudes.

FILETS DE BAR À LA SAUCE D'ÉCHALOTES

POUR 4 PERSONNES
PRÉPARATION : 20 MINUTES
CUISSON : 55 MINUTES

ACCOMPAGNEMENTS RECOMMANDÉS :
BROCOLIS À LA VAPEUR
ÉPINARDS
CHOU-FLEUR

- 1 KG DE FILETS DE BAR
- 4 ÉCHALOTES
- 2 CUILLERÉES À SOUPE D'HUILE D'OLIVE
- 20 CL DE CRÈME FLEURETTE
- POUR LE FUMET :
- LA TÊTE ET L'ARÊTE CENTRALE DU POISSON
- 1 OIGNON
- 1 BRANCHE DE CÉLERI
- 2 BRANCHES DE PERSIL
- 1 BOUQUET GARNI
- 1/2 VERRE DU VIN BLANC
- 1/2 VERRE DE VINAIGRE DE VIN ROUGE
- SEL, POIVRE

- Demander au poissonnier de préparer les filets, mais penser à récupérer la tête et l'arête centrale pour la préparation du fumet.
- Pour préparer le fumet, découper l'oignon, le céleri et le persil.
- Plonger le tout, ainsi que le bouquet garni, dans 1,5 litre d'eau et faire bouillir pendant 30 minutes. Saler, poivrer, ajouter le vin blanc et le vinaigre. Laisser refroidir et passer le tout au chinois.
- Mettre la tête de poisson et les morceaux d'arête dans le bouillon. Porter à ébullition puis laisser frémir pendant 15 minutes. Passer au chinois et continuer à faire réduire à petit feu, jusqu'à ce qu'il ne reste que l'équivalent d'un verre.
- Faire une purée d'échalotes et la mélanger avec l'huile d'olive.
- Dans un plat allant au four légèrement huilé, déposer les filets

côté peau. Saler et poivrer. Étaler l'échalote mélangée à l'huile d'olive sur les filets.

- Mettre au four à 10 cm sous le gril pendant 6 à 7 minutes
- Mélanger le verre de fumet avec la crème fleurette, saler et poivrer. Verser le tout sur les filets de bar et laisser cuire encore 1 minute.
- Servir en nappant les filets avec la sauce.

FILETS DE ROUGET À LA CRÈME

POUR 4 PERSONNES
PRÉPARATION : 20 MINUTES
CUISSON : 20 MINUTES

ACCOMPAGNEMENTS RECOMMANDÉS :
POIREAUX REVENUS À L'HUILE D'OLIVE
PURÉE DE HARICOTS VERTS

- 8 BEAUX FILETS DE ROUGET
- LE JUS D'1 CITRON
- 3 ÉCHALOTES ÉMINCÉES
- 1 VERRE DE VIN BLANC
- 20 CL DE CRÈME FRAÎCHE
- FLEUR DE SEL, POIVRE DU MOULIN
- HUILE D'OLIVE
- 1 CUILLERÉE À SOUPE DE PERSIL FRAIS HACHÉ

- Dans une casserole, faire revenir à feu doux les échalotes dans de l'huile d'olive. Quand elles sont bien fondues sans être saisies, mouiller avec le vin blanc. Saler, poivrer et monter en température pour faire réduire de moitié. Réserver.
- Laver les filets sous le robinet. Les éponger avec du papier absorbant, puis les déposer à plat dans une grande assiette. Les arroser de citron.
- Faire préchauffer une poêle antiadhésive à feu très doux avec 2 cuillerées à soupe d'huile d'olive.
- Faire cuire les filets des deux côtés. Saler et poivrer.
- Pendant ce temps, ajouter la crème fraîche à la préparation précédente dans la casserole. Faire chauffer à feu doux en laissant légèrement épaissir. Remuer régulièrement au cours de l'opération.
- Disposer les filets sur des assiettes individuelles et napper de la sauce. Saupoudrer de persil et servir.

FILETS DE SAUMON GRILLÉS AU TAMARI

POUR 4 PERSONNES
PRÉPARATION : 10 MINUTES
CUISSON : 10 MINUTES

ACCOMPAGNEMENTS RECOMMANDÉS : BROCOLIS OU POIREAUX CUITS À LA VAPEUR AVEC UN FILET D'HUILE D'OLIVE.

- 800 G DE FILETS DE SAUMON
- 1 CITRON
- HUILE D'OLIVE
- TAMARI (SAUCE DE SOJA ÉPAISSE)
- FLEUR DE SEL
- POIVRE, HERBES DE PROVENCE

- Couper les morceaux de filets en parts égales. Les badigeonner d'huile d'olive. Saler, poivrer.
- Préchauffer le gril du four.
- Déposer les filets de saumon dans un plat à gratin, côté peau à l'extérieur. Saupoudrer légèrement d'herbes de Provence.
- Mettre à cuire sous le gril pendant 10 minutes.
- Pendant ce temps, préparer la sauce : 1/3 de jus de citron, 1/3 d'huile d'olive, 1/3 de tamari, une pincée de fleur de sel et une pincée de poivre.
- Dresser les filets de saumon sur des assiettes en les déposant sur la partie grillée. Saupoudrer de persil et arroser de sauce après l'avoir bien remuée.

FILETS DE SOLE À LA CRÈME DE SOJA

POUR 4 PERSONNES
PRÉPARATION : 20 MINUTES
CUISSON : 20 MINUTES

ACCOMPAGNEMENTS RECOMMANDÉS :
ÉPINARDS
HARICOTS VERTS

- 4 BEAUX FILETS DE SOLE
- LE JUS D'1 CITRON
- 150 G DE CHAMPIGNONS DE PARIS
- 20 CL DE CRÈME DE SOJA
- 100 G DE CREVETTES DÉCORTIQUÉES
- 1 JAUNE D'ŒUF
- HUILE D'OLIVE
- SEL, POIVRE DU MOULIN
- 1 CUILLERÉE À SOUPE DE PERSIL FRAIS

- Passer les filets de sole à l'eau du robinet et bien les faire sécher sur du papier absorbant.
- Les mettre dans une poêle antiadhésive contenant 2 cuillerées à soupe d'huile d'olive. Les arroser de jus de citron. Saler et poivrer. Les faire cuire des deux côtés à feu très doux.
- Laver les champignons et les couper en fines lamelles. Les faire revenir à feu très doux dans 2 cuillerées à soupe d'huile d'olive.
- En fin de cuisson, vider l'huile de cuisson et l'eau de dégorgement et ajouter la crème de soja, mélangée préalablement dans un bol avec le jaune d'œuf. Saler et poivrer. Ajouter les crevettes.
- Continuer la cuisson à feu doux pendant quelques minutes en remuant continuellement.
- Dès que c'est chaud, napper les filets de soles dressés sur les assiettes. Saupoudrer de persil et servir.

FILETS DE SOLE AU SAUMON

POUR 4 PERSONNES
PRÉPARATION : 15 MINUTES
CUISSON : 20 MINUTES

ACCOMPAGNEMENTS RECOMMANDÉS :
BROCOLIS
ÉPINARDS
HARICOTS VERTS

- 4 BELLES SOLES
- 300 G DE FILET DE SAUMON
- 5 ÉCHALOTES ÉMINCÉES
- 3 CUILLERÉES À SOUPE DE CRÈME FRAÎCHE
- 15 CL DE VIN BLANC SEC
- LE JUS D'UN 1/2 CITRON
- 1 CUILLERÉE À SOUPE DE PERSIL FRAIS HACHÉ

- Faire lever les filets par le poissonnier. Lui demander de découper le filet de saumon en fines tranches, comme pour faire du saumon mariné.
- Rouler les filets de sole avec des filets de saumon (saumon à l'intérieur) et les piquer avec un cure-dents en bois pour les faire tenir.
- Dans une poêle, faire revenir l'échalote quelques minutes dans l'huile d'olive. En fin de cuisson, ajouter le vin blanc. Saler, poivrer et laisser cuire 1 minute.
- Mettre les roulés de poisson dans un plat allant au four, saler et poivrer. Les arroser avec le vin blanc à l'échalote.
- Faire cuire à four chaud (th. 6 – 190 °C) pendant 12 à 15 minutes.
- Sortir le poisson et le disposer sur un plat de service que l'on réservera au chaud.
- Ajouter la crème fraîche et le jus de citron dans le jus de cuisson.
- Napper les roulés de poisson et saupoudrer de persil avant de servir.

LIMANDES À LA CRÉTOISE

POUR 4 PERSONNES
PRÉPARATION : 10 MINUTES
CUISSON : 10 MINUTES

ACCOMPAGNEMENT RECOMMANDÉ : CHOUX DE BRUXELLES CUITS À LA VAPEUR

- 6 FILETS DE LIMANDE
- 3 OIGNONS ÉMINCÉS
- 3 CITRONS
- 4 FEUILLES DE LAURIER
- 2 BRANCHES DE THYM
- 1 VERRE D'HUILE D'OLIVE
- SEL, POIVRE

- Préparer une marinade avec l'huile d'olive, les oignons, le jus d'un citron, le thym, les feuilles de laurier, le sel et le poivre.
- Y mettre à mariner les filets de poisson pendant 20 minutes.
- Verser la marinade dans une poêle et mettre à feu moyen. Quand la marinade est chaude, y mettre à cuire les filets pendant 5 minutes de chaque côté.
- Servir avec une sauce à base de citron et huile d'olive.

LOTTE À L'AMÉRICAINE

POUR 4 PERSONNES
PRÉPARATION : 20 MINUTES
CUISSON : 40 MINUTES

- 1,5 KG DE FILET DE LOTTE
- 50 CL DE VIN BLANC
- 2 CUILLERÉES À SOUPE DE CONCENTRÉ DE TOMATES
- 4 ÉCHALOTES ÉMINCÉES
- 2 GOUSSES D'AIL ÉMINCÉS
- 100 G DE TOMATE CONCASSÉE (EN BOÎTE)
- HUILE D'OLIVE
- SEL, POIVRE DU MOULIN
- 5 CL DE COGNAC

- Demander au poissonnier de lever les filets. Les couper en tronçons de 5 ou 6 cm.
- Dans une poêle antiadhésive, faire revenir à petit feu les morceaux de lotte dans l'huile d'olive. Saler, poivrer et flamber au cognac.
- Déglacer la poêle avec 1 cuillerée à soupe de vin blanc. Réserver au chaud.
- Dans une sauteuse, faire fondre les échalotes et l'ail émincés avec 2 cuillerées à soupe d'huile d'olive. Ajouter le concentré de tomates et laisser mijoter quelques minutes en remuant. Mouiller avec le vin blanc. Saler, poivrer, couvrir et porter à ébullition. Laisser mijoter pendant 10 minutes à découvert.
- Rajouter dans la sauteuse la tomate concassée égouttée et le poisson. Porter à nouveau à ébullition et servir aussitôt.

LOUP GRILLÉ AU FENOUIL ET FLAMBÉ AU PASTIS

POUR 4 À 5 PERSONNES
PRÉPARATION : 20 MINUTES
CUISSON : 40 MINUTES

ACCOMPAGNEMENTS RECOMMANDÉS :
FENOUIL BRAISÉ
POIREAUX REVENUS À L'HUILE D'OLIVE

- 1 BEAU LOUP DE 1,5 À 2 KG
- BRANCHES DE FENOUIL
- HUILE D'OLIVE
- 3 GOUSSES D'AIL ÉCRASÉES
- 1/2 VERRE DE PASTIS
- SEL, POIVRE, PIMENT DE CAYENNE
- 3 CITRONS

- Faire préparer le loup par votre poissonnier. Il doit être vidé (y compris du foie) et écaillé.
- Faire une marinade avec l'huile d'olive, l'ail écrasé, le sel, le poivre et le piment de Cayenne. Badigeonner abondamment l'intérieur du loup et le fourrer au maximum de branches de fenouil.
- Disposer le poisson sur la lèchefrite. Le badigeonner de la marinade et disposer dessus des branches de fenouil.
- Mettre sous le gril du four pendant 15 à 20 minutes. Ne pas hésiter à laisser griller. Le retourner et recommencer l'opération : badigeonner de marinade et branches de fenouil. Laisser cuire encore 15 à 20 minutes.
- Sortir le poisson et le disposer sur un plat de service en le débarrassant des branches de fenouil grillé.
- Flamber au pastis avant de le découper.
- On pourra faire une sauce avec de l'huile d'olive, du jus de citron, du sel et du poivre.

NOTE :
Bien entendu, la cuisson peut se faire aussi sur un barbecue.

Merlu paysanne

Pour 4/5 personnes
Préparation : 20 minutes
Cuisson : 1 heure 10

- 1 merlu de 1,5 kg environ
- 1 kg de petits pois frais (ou surgelés)
- 4 petits navets
- 10 petits oignons blancs
- 500 g de pointes d'asperges
- 4 gousses d'ail
- huile d'olive
- sel, poivre, piment de Cayenne

- Demander au poissonnier de nettoyer le merlu et de le couper en tranches de 2,5 cm d'épaisseur.
- Préparer les légumes : faire cuire les pointes d'asperges et les petits pois dans de l'eau ou à la vapeur.
- Faire cuire les navets et les petits oignons dans un peu d'eau avec de l'huile d'olive et du sel (30 à 40 minutes).
- Dans une poêle, faire revenir à feu doux l'ail coupé en lamelles fines dans 2 cuillerées à soupe d'huile d'olive.
- Verser le tout (ail et huile de cuisson) dans un plat allant au four.
- Dans ce plat, déposer les tranches de merlu, saler, poivrer et pimenter. Faire cuire à 10 cm sous le gril du four 5 à 10 minutes.
- Dans un plat en terre cuite, déposer les petits pois, les asperges, les navets et les oignons, en finissant par les tranches de merlu.
- Rajouter un filet d'huile d'olive fraîche et servir.

Morue à la provençale

Pour 4 personnes
Préparation : 10 minutes
Cuisson : 50 minutes

Accompagnements recommandés :
Poireaux cuits à la vapeur
Haricots verts

- 600 g de morue salée
- 4 échalotes émincées
- 25 cl de vin blanc sec
- 25 cl de fumet de poisson instantané
- 2 cuillerées à soupe de concentré de tomates
- 1 branche de thym
- 1 cuillerée à soupe de persil frais haché
- 1 cuillerée à soupe de basilic frais haché
- 150 g d'olives vertes dénoyautées
- 2 feuilles de laurier
- Sel, poivre du moulin

- Faire dessaler la morue pendant 24 heures en changeant l'eau toutes les 6 heures.
- Dans une sauteuse, faire revenir les échalotes et l'ail avec de l'huile d'olive. Ajouter en remuant le concentré de tomates. Ensuite, ajouter le vin, le fumet de poisson, le thym, le persil, le basilic et le laurier. Porter à ébullition puis faire cuire à feu doux pendant 20 minutes.
- Couper le poisson égoutté en quatre morceaux. Le faire cuire à feu doux avec de l'huile d'olive dans une poêle antiadhésive.
- Lorsque la sauce a réduit de moitié, assaisonner en poivre.
- Faire réchauffer la morue en la plongeant dans la sauce quelques minutes.
- Servir bien chaud.

NAGE DE POISSONS ET FRUITS DE MER

POUR 5/6 PERSONNES
PRÉPARATION : 30 MINUTES
CUISSON : 40 MINUTES

- 2 KG DE POISSONS DIVERS (LOTTE, CONGRE, DAURADE, MERLU, MULET, CABILLAUD...)
- 12 LANGOUSTINES
- 1 LITRE DE MOULES
- 4 BLANCS DE POIREAUX
- 1 CÔTE DE CÉLERI EFFEUILLÉ
- 1 OIGNON
- 3 ÉCHALOTES
- 3 GOUSSES D'AIL
- 1 BOUQUET GARNI
- 3 CUILLERÉES À SOUPE DE CRÈME FRAÎCHE
- HUILE D'OLIVE
- GROS SEL, POIVRE EN GRAINS, PIMENT DE CAYENNE

- Faire vider, écailler, parer les poissons par le poissonnier et les faire couper en tronçons. Faire également préparer les moules.
- Peler, laver et émincer finement la côte de céleri, les blancs de poireaux, l'oignon, les échalotes et l'ail.
- Dans une grande cocotte, mettre 3 cuillerées à soupe d'huile d'olive et faire revenir les légumes pendant 5 minutes.
- Mouiller avec 1,5 litre d'eau. Ajouter le bouquet garni, du sel, du poivre en grains et 3 pincées de piment de Cayenne. Laisser frémir 15 à 20 minutes à découvert.
- Mettre d'abord dans la nage les morceaux de poisson à chair ferme (lotte, congre). Laisser pocher 5 minutes. Ajouter ensuite les poissons à chair tendre (merlan, cabillaud, daurade, mulet…).

Ajouter les moules et les langoustines 2 minutes après. Laisser cuire encore 3 à 5 minutes.

- Avec l'écumoire, récupérer le poisson et les crustacés. Les réserver au chaud dans un plat creux ou une soupière.
- Retirer le bouquet garni, rectifier l'assaisonnement et rajouter la crème fraîche. Faire cuire 1 ou 2 minutes et verser sur les poissons.
- Servir immédiatement.

POULPE AUX OIGNONS

POUR 5 PERSONNES
PRÉPARATION : 15 MINUTES
CUISSON : 2 HEURES 10

- 1 KG DE POULPE PRÉPARÉ
- 500 G DE PETITS OIGNONS ÉPLUCHÉS
- 5 BELLES TOMATES
- 3 CUILLERÉES À SOUPE DE VINAIGRE DE XÉRÈS
- 4 GOUSSES D'AIL HACHÉ
- 2 FEUILLES DE LAURIER
- 1 VERRE DE VIN BLANC SEC (15 CL)
- 3 PINCÉES DE CANNELLE

- Faire cuire le poulpe dans une casserole d'eau pendant 30 minutes.
- Laisser égoutter et couper en petits morceaux.
- Ébouillanter les tomates pendant 1 minute pour pouvoir les peler. Les couper en deux et les épépiner. Couper la pulpe en gros dés.
- Mettre 3 cuillerées à soupe d'huile d'olive dans une cocotte.
- Faire revenir à feu doux les morceaux de poulpe dans la cocotte pendant au moins 10 minutes. Ajouter l'ail et faire cuire encore 1 ou 2 minutes en remuant bien.
- Mettre ensuite le vinaigre, les tomates, le laurier, le vin blanc, le sel, le poivre et la cannelle. Faire cuire à feu doux pendant 30 minutes. Ajouter les oignons et laisser cuire à couvert pendant une bonne heure.

ROUGETS À L'ANIS

POUR 4 PERSONNES
PRÉPARATION : 15 MINUTES
CUISSON : 20 MINUTES

- 4 ROUGETS VIDÉS, ÉCAILLÉS ET PARÉS
- 400 G DE FENOUIL
- 1 CUILLERÉE À CAFÉ DE GRAINES D'ANIS
- HUILE D'OLIVE
- SEL, POIVRE DU MOULIN

- Nettoyer le fenouil. Bien l'égoutter et le débiter en lanières.
- Faire blanchir le fenouil pendant 6 minutes dans de l'eau bouillante salée. Bien égoutter.
- Sur un plat en grès, faire un lit avec la moitié du fenouil. Poser les poissons dessus. Recouvrir avec l'autre moitié. Répartir les graines d'anis sur l'ensemble. Arroser d'huile d'olive, saler et poivrer.
- Mettre à four chaud (th. 8 – 250 °C) environ 12 minutes.
- Servir dans le plat de cuisson.

ROUGETS
À LA MENTHE FRAÎCHE

POUR 4 PERSONNES
PRÉPARATION : 15 MINUTES
CUISSON : 15 MINUTES

ACCOMPAGNEMENTS RECOMMANDÉS :
ENDIVES BRAISÉES
PURÉE DE BROCOLIS

- 8 ROUGETS ÉCAILLÉS ET VIDÉS
- 100 G DE FEUILLES DE MENTHE FRAÎCHE CISELÉES
- 6 GOUSSES D'AIL
- 5 CL DE VINAIGRE DE VIN VIEUX
- 5 CL DE VINAIGRE BASALMIQUE
- 3 CUILLERÉES À SOUPE D'HUILE D'OLIVE
- SEL, POIVRE

- Préchauffer le four (th. 2 – 65 °C).
- Faire cuire les rougets 4 minutes de chaque côté dans une poêle antiadhésive avec 2 cuillerées à soupe d'huile d'olive. Saler et poivrer pendant la cuisson.
- Réserver dans un plat (ou des assiettes individuelles) et garder au chaud dans le four.
- Émincer l'ail en fines lamelles.
- Dans une casserole, verser les deux vinaigres et 1 cuillerée à soupe d'huile d'olive. Ajouter l'ail et les feuilles de menthe. Saler, poivrer légèrement.
- Porter à ébullition tout en mélangeant 4 à 5 minutes.
- Verser sur les rougets sortis du four et servir.

SAUMON EN CROÛTE DE SEL

POUR 4 PERSONNES
PRÉPARATION : 10 MINUTES
CUISSON : 40 MINUTES

ACCOMPAGNEMENTS RECOMMANDÉS :
ENDIVES À LA CRÈME
POIREAUX CUITS À LA VAPEUR
BROCOLIS

- 1 SAUMON DE 1,2 KG BIEN FRAIS
- 2 KG DE GROS SEL
- LE JUS DE 3 CITRONS
- 10 CL D'HUILE D'OLIVE
- SEL, POIVRE

- Faire écailler et vider le saumon par le poissonnier mais garder la tête.
- Étaler le saumon sur la lèchefrite (ou un plat suffisamment large) et le recouvrir de gros sel. Tout le poisson doit être recouvert (sauf peut-être l'extrémité de la queue) d'une épaisseur de 1 cm au moins.
- Mettre à cuire dans un four préalablement chauffé (th. 8 – 250 °C) pendant 40 minutes.
- Pour découper, casser délicatement le dessus et dégager la croûte avec un gros couteau en enlevant en même temps la peau du saumon qui lui est collée.
- Dans un bol, préparer la sauce en mélangeant l'huile d'olive et le citron. Saler et poivrer.

SOLES NORMANDES

POUR 4 PERSONNES
PRÉPARATION : 15 MINUTES
CUISSON : 20 MINUTES

ACCOMPAGNEMENTS RECOMMANDÉS :
ÉPINARDS
HARICOTS VERTS

- 6 GROS FILETS DE SOLES
- 50 CL DE LAIT
- 100 G DE CREVETTES ROSES DÉCORTIQUÉES
- 200 G DE CHAMPIGNONS DE PARIS EN BOÎTE
- 1 JAUNE D'ŒUF
- 20 CL DE CRÈME FRAÎCHE
- 1 CITRON
- SEL, POIVRE

- Faire pocher les filets de soles dans le lait bouillant pendant 10 minutes. Les égoutter et réserver au chaud.
- Dans une casserole, mélanger les crevettes, les champignons de Paris égouttés, la crème fraîche et le jus de citron. Chauffer à ſeu très doux pendant 5 minutes.
- Hors du feu, ajouter le jaune d'œuf en remuant vigoureusement. Poivrer et saler très légèrement.
- Napper les filets avec cette sauce.

TARTARE DE THON

POUR 4 PERSONNES
PRÉPARATION : 20 MINUTES
PAS DE CUISSON

- 1 KG DE THON TRÈS FRAIS
- 4 ÉCHALOTES HACHÉES TRÈS FINEMENT
- 2 CITRONS
- 1 BOUQUET DE CORIANDRE FRAÎCHE
- 3 CUILLERÉES À SOUPE D'HUILE D'OLIVE
- 2 CUILLERÉES À SOUPE DE PERSIL FRAÎCHEMENT HACHÉ
- 1 CUILLERÉE À SOUPE DE CIBOULETTE CISELÉE
- SEL, POIVRE, PIMENT DE CAYENNE

- Préparer le thon en enlevant la peau et toutes les arêtes.
- Couper la chair en petits cubes de 1/2 cm d'épaisseur.
- Saler, poivrer, pimenter (ce doit être bien relevé).
- Verser l'huile d'olive et bien remuer.
- Rajouter les échalotes hachées, le persil et la ciboulette.
- Mettre au réfrigérateur pendant 1 heure ou 2.
- Servir avec une salade verte. Avant de déguster, arroser de jus de citron.

THON AU VINAIGRE D'AIL

POUR 4 PERSONNES
PRÉPARATION : 15 MINUTES
CUISSON : 20 MINUTES

ACCOMPAGNEMENTS RECOMMANDÉS :
GRATINÉE D'AUBERGINES
CHOU-FLEUR CUIT À LA VAPEUR

- 2 BELLES TRANCHES DE THON FRAIS BIEN ÉPAISSES (800 G AU TOTAL)
- 4 GOUSSES D'AIL
- HUILE D'OLIVE
- VINAIGRE DE XÉRÈS
- SEL, POIVRE

- Dans une poêle antiadhésive contenant 2 à 3 cuillerées à soupe d'huile d'olive, faire cuire le thon à feu doux 4 à 5 minutes de chaque côté. Saler et poivrer. Réserver au four chaud (th. 2 – 65 °C).
- Jeter l'huile de cuisson et déglacer la poêle avec 3 cuillerées à soupe de vinaigre de xérès. Réserver.
- Dans une autre poêle, faire revenir l'ail coupé en fines lamelles dans 2 cuillerées à soupe d'huile d'olive. Saler.
- Verser le déglaçage au xérès de la première poêle dans la seconde. Monter légèrement en température quelques dizaines de secondes, puis verser sur les tranches de thon.

THON
EN BRANDADE DE TOMATE

POUR 4 PERSONNES
PRÉPARATION : 15 MINUTES
CUISSON : 45 MINUTES

ACCOMPAGNEMENTS RECOMMANDÉS :
SALADE VERTE
SALADE D'ENDIVES

- 500 G DE THON AU NATUREL
- 500 G DE PURÉE DE TOMATES (1/2 BRIQUE)
- 3 JAUNES D'ŒUFS + 1 ŒUF ENTIER
- 5 GOUSSES D'AIL ÉCRASÉES
- 3 CUILLERÉES À SOUPE DE PERSIL HACHÉ
- 20 CL DE CRÈME FLEURETTE

- Égoutter le thon.
- Mettre dans le mixer le thon, l'ail, le persil et 4 cuillerées à soupe d'huile d'olive. Réserver.
- Mettre la purée de tomates dans une casserole au bain-marie et rajouter la crème fleurette et les œufs. Faire cuire sans cesser de tourner au fouet jusqu'à ce que le mélange épaississe.
- Mélanger avec la purée de thon.
- Verser dans un plat allant au four et enfourner (th. 4 – 130 °C) pendant 30 à 35 minutes.
- Avant de servir, saupoudrer de gruyère râpé et mettre sous le gril pendant quelques minutes.

TRUITES AUX AMANDES

POUR 4 PERSONNES
PRÉPARATION : 10 MINUTES
CUISSON : 15 MINUTES

ACCOMPAGNEMENTS RECOMMANDÉS :
COURGETTES À L'HUILE D'OLIVE
ÉPINARDS À LA CRÈME DE SOJA

- 4 BELLES TRUITES
- 80 G D'AMANDES EFFILÉES
- 2 CITRONS
- 1 CUILLERÉE À SOUPE DE VINAIGRE DE XÉRÈS
- 2 CUILLERÉES À SOUPE DE PERSIL FRAIS HACHÉ
- HUILE D'OLIVE
- HERBES DE PROVENCE
- SEL, POIVRE

- Faire préparer les truites par le poissonnier. Saupoudrer l'intérieur d'herbes de Provence. Saler et poivrer.
- Faire préchauffer une poêle antiadhésive sur un feu très faible avec 4 cuillerées à soupe d'huile d'olive.
- Y déposer les truites et les faire cuire au moins 6 minutes de chaque côté. Réserver au chaud dans le plat de service au four (th. 2/3 – 80/100 °C).
- Dans une autre poêle, verser 1 cuillerée à soupe d'huile d'olive et faire dorer les amandes. Saler et poivrer. Ajouter le vinaigre de xérès.
- Recouvrir les truites avec le vinaigre aux amandes.
- Servir avec les citrons coupés en deux.

TURBOT À L'OSEILLE

POUR 4 PERSONNES
PRÉPARATION : 20 MINUTES
CUISSON : 40 MINUTES

- 4 FILETS DE TURBOT
- 100 G D'OSEILLE
- 100 G DE CRÈME FRAÎCHE
- 25 CL DE VIN BLANC SEC
- 25 CL DE FUMET DE POISSON INSTANTANÉ
- 2 JAUNES D'ŒUFS
- 2 FEUILLES DE LAURIER CISELÉES
- HUILE D'OLIVE
- SEL, POIVRE

- Passer les filets de turbot sous l'eau du robinet puis les éponger avec du papier absorbant.
- Huiler un plat avec de l'huile d'olive et y disposer les filets de poisson. Saler, poivrer et ajouter le laurier. Mouiller avec le vin blanc.
- Faire cuire pendant 20 minutes au four (th. 6 – 190 °C). Réserver au chaud.
- Pendant ce temps, nettoyer l'oseille en sélectionnant les meilleures feuilles et en retirant les tiges dures. Les faire revenir 3 minutes à feu très doux dans une poêle avec un peu d'huile d'olive.
- Faire réduire le fumet de poisson de moitié. Puis, dans un bol au bain-marie, lier la sauce avec le fumet, la crème fraîche et les jaunes d'œufs en fouettant énergiquement.
- Étaler l'oseille dans un plat de service. Disposer les filets de turbot et les napper avec la sauce.

TURBOT AU FENOUIL

POUR 4 PERSONNES
PRÉPARATION : 25 MINUTES
CUISSON : 25 MINUTES

- 4 FILETS DE TURBOT (800 G)
- 6 BELLES TOMATES
- 1 BULBE DE FENOUIL
- LE JUS DE 4 CITRONS
- 30 CL DE FUMET DE POISSON INSTANTANÉ
- 4 ÉCHALOTES ÉMINCÉES
- 1 GOUSSE D'AIL ÉCRASÉE
- 50 G DE CRÈME FRAÎCHE
- HUILE D'OLIVE
- SEL, POIVRE, THYM

- Laver les filets sous le robinet puis les éponger avec du papier absorbant.
- Laver le fenouil. Le couper en fine julienne (fins bâtonnets).
- Ébouillanter les tomates pendant 1 minute. Les peler et les épépiner. Couper la pulpe en lanières.
- Dans une casserole moyenne, faire chauffer le jus des citrons mélangé avec le fumet de poisson. Saler, poivrer et ajouter le thym. Y faire pocher les filets de turbot pendant 7 minutes. Réserver au chaud.
- Faire réduire le fond de cuisson aux trois quarts puis ajouter la crème fraîche.
- Pendant ce temps, faire revenir à feu très doux dans une casserole le fenouil, l'ail et les échalotes avec de l'huile d'olive.
- Couvrir et faire étuver quelques minutes, puis ajouter les tomates au dernier moment.
- Dresser les légumes sur le plat de service. Y déposer les filets de poisson et napper avec la sauce.

HOMARDS MARTINIQUAIS

POUR 4 PERSONNES
PRÉPARATION : 10 MINUTES
CUISSON : 25 MINUTES

ACCOMPAGNEMENTS RECOMMANDÉS :
BROCHETTES PROVENÇALES
FLAN À LA TOMATE

- 2 HOMARDS DE 500 À 700 G
- 1,5 KG DE TOMATES
- 12 GOUSSES D'AIL ÉMINCÉES
- 4 CUILLERÉES À SOUPE D'HUILE D'OLIVE
- 2 CUILLERÉES À SOUPE DE PERSIL FRAIS HACHÉ
- 1/2 VERRE DE RHUM
- SEL, POIVRE

- Ébouillanter les tomates pendant 1 minute. Les peler et les épépiner.
- Chauffer l'huile dans une cocotte. Y mettre à cuire les homards pendant une dizaine de minutes en les retournant régulièrement.
- Verser le rhum dans la cocotte et flamber.
- Ajouter l'ail puis, 2 minutes après, les tomates et le persil. Réduire le feu, couvrir la cocotte et laisser mijoter doucement pendant 15 minutes.

HUÎTRES POCHÉES SUR LIT DE POIREAUX

POUR 4 PERSONNES
PRÉPARATION : 20 MINUTES
CUISSON : 25 MINUTES

- 2 DOUZAINES D'HUÎTRES MOYENNES
- 3 BLANCS DE POIREAU
- 3 CUILLERÉES À SOUPE DE CRÈME FRAÎCHE
- 3 ÉCHALOTES ÉMINCÉES
- 1 VERRE DE VIN BLANC SEC
- HUILE D'OLIVE

- Dans une casserole moyenne, faire revenir les échalotes avec 1 cuillerée à soupe d'huile d'olive. Mouiller avec le vin blanc. Saler, poivrer. Faire réduire d'un tiers et réserver.
- Nettoyer les poireaux. Les couper en deux ou trois et les tailler en julienne (fins bâtonnets). Les faire revenir à feu doux dans une casserole avec de l'huile d'olive. Saler. Couvrir pour laisser étuver. Réserver au chaud.
- Ouvrir les huîtres, les détacher de leur coquille et récupérer la moitié de l'eau. La verser dans le vin blanc d'échalote.
- Monter le mélange en température et y pocher les huîtres pendant 2 minutes. Les sortir avec l'écumoire et réserver au chaud.
- Faire réduire le jus de cuisson des trois quarts et ajouter la crème fraîche. Poivrer. Laisser réduire à petit feu.
- Sur des assiettes individuelles, dresser un paillasson de poireaux. Y déposer les huîtres chaudes et napper de sauce à la crème.

MOULES À LA CRÈME DE SOJA

POUR 4 PERSONNES
PRÉPARATION : 10 MINUTES
CUISSON : 20 MINUTES

- 2 KG DE MOULES NETTOYÉES
- 6 ÉCHALOTES
- 20 CL DE VIN BLANC SEC
- 40 CL DE CRÈME DE SOJA
- HUILE D'OLIVE
- GROS SEL, POIVRE, HERBES DE PROVENCE

- Émincer finement les échalotes. Dans un grand faitout, les faire revenir dans 3 cuillerées d'huile d'olive. Poivrer et remuer avec une cuiller en bois.
- Rajouter le vin blanc, 1 cuillerée à café de gros sel et 1 cuillerée à café d'herbes de Provence. Porter à ébullition et laisser cuire 2 minutes à feu moyen.
- Jeter les moules dans le faitout et couvrir. Monter le feu au maximum. Laisser cuire 6 à 12 minutes, jusqu'à ce que les moules s'ouvrent. Remuer régulièrement.
- Mettre à feu doux, rajouter la crème de soja et remuer. Couvrir et laisser cuire encore pendant 1 ou 2 minutes.
- Servir à la louche dans des assiettes creuses.

QUEUES DE LANGOUSTINES AU POIVRE VERT

POUR 4 PERSONNES
PRÉPARATION : 25 MINUTES
CUISSON : 20 MINUTES

ACCOMPAGNEMENTS RECOMMANDÉS :
CLAFOUTIS AUX POIREAUX
ARTICHAUTS À LA PROVENÇALE

- 1/2 KG DE LANGOUSTINES
- 3 ÉCHALOTES ÉMINCÉES
- 20 CL DE VIN BLANC SEC
- 50 G DE CRÈME FRAÎCHE
- HUILE D'OLIVE
- 2 CUILLERÉES À SOUPE DE POIVRE VERT

- Dans un faitout, faire blondir les échalotes dans 1 cuillerée d'huile d'olive.
- Ajouter le vin blanc et laisser mijoter 2 minutes.
- Ajouter ensuite les langoustines et laisser cuire à feu vif pendant 5 minutes.
- Retirer les langoustines et les réserver sur un plat de service.
- Faire réduire de moitié le jus de cuisson après avoir rajouté le poivre.
- Ajouter la crème fraîche et faire cuire encore 2 minutes. Réserver au chaud.
- Décortiquer les queues de langoustines. Les ajouter à la sauce et chauffer 2 à 3 minutes avant de servir dans des assiettes creuses.

SAINT-JACQUES À L'ÉCHALOTE ET AU SOJA

POUR 4 PERSONNES
PRÉPARATION : 5 MINUTES
CUISSON : 10 MINUTES

ACCOMPAGNEMENTS RECOMMANDÉS :
POIREAUX À L'ÉTOUFFÉE
BROCOLIS
HARICOTS VERTS EXTRA-FINS

- 16 COQUILLES SAINT-JACQUES
- 8 ÉCHALOTES ÉMINCÉES
- 15 CL DE VIN BLANC
- 4 CUILLERÉES À SOUPE D'HUILE D'OLIVE
- 20 CL DE CRÈME DE SOJA
- 2 CUILLERÉES À CAFÉ D'HERBES DE PROVENCE
- SEL, POIVRE, PIMENT DE CAYENNE

- Mettre l'huile d'olive à chauffer à feu doux dans une casserole.
- Y jeter les échalotes et les faire fondre pendant 5 minutes en les remuant. Saler, poivrer, pimenter et saupoudrer d'herbes de Provence.
- Ajouter les Saint-Jacques. Augmenter légèrement la flamme et les faire revenir pendant 1 minute de chaque côté. Mouiller progressivement avec le vin. Remuer et laisser mijoter 1 minute.
- Ajouter la crème de soja. Laisser mijoter 1 minute.
- Servir dans des assiettes creuses chaudes.

LÉGUMES ET ACCOMPAGNEMENTS

Quand on prépare un plat, on se pose souvent le problème de l'accompagnement et l'on a tendance à faire un peu toujours la même chose. Vous trouverez ci-dessous une liste de légumes ou de légumineuses qui pourra vous aider à faire un choix par rapport au plat (simple ou un peu plus élaboré) que vous envisagez de faire.

Vous pourrez cuisiner cet accompagnement d'une manière traditionnelle ou vous reporter aux préparations un peu plus élaborées qui font l'objet d'une recette dans ce livre.

Artichauts	Fenouil	Poivrons
Asperges	Fèves	Pommes (fruit)
Aubergines	Flageolets	Petits pois
Brocolis	Haricots verts	Pois gourmands
Céleri rave	Haricots blancs	Pois chiches
Chou	Haricots rouges	Salades
Choux de Bruxelles	Haricots coco	Salsifis
Chou-fleur	Lentilles	Tomates
Champignons	Navets	
Courgettes	Oignons	
Endives	Olives	
Épinards	Poireaux	

Accompagnements élaborés

Gratinées	**Purées**
Aubergines	Brocolis
Chou-fleur	Céleri
Champignons	Chou-fleur
Courgettes	Champignons
Endives	Haricots secs
Oignons	Lentilles
Poireaux	Navets
Tomates	Oignons
	Petits pois
	Pois chiches
	Poivrons

(Les gratinées peuvent être proposées également en entrée ou en plat principal, servies avec une salade par exemple.)

V

ARTICHAUTS À LA PROVENÇALE

POUR 4 PERSONNES
PRÉPARATION : 15 MINUTES
CUISSON : 2 HEURES

- 8 ARTICHAUTS VIOLETS
- 3 OIGNONS ÉMINCÉS
- 3 GOUSSES D'AIL ÉCRASÉES
- 3 CUILLERÉES À SOUPE D'HUILE D'OLIVE
- 1 BRANCHE DE THYM
- 3 FEUILLES DE LAURIER
- SEL, POIVRE

- Dégarnir les artichauts en retirant les feuilles dures et en coupant les autres au ras du cœur. Les faire cuire 30 minutes à l'eau bouillante salée. Conserver l'eau de cuisson.
- Dans une cocotte, faire chauffer l'huile d'olive et y faire revenir les oignons à feu doux. Ajouter l'ail dans les dernières minutes. Saler, poivrer.
- Ajouter les artichauts, le thym et le laurier. Recouvrir avec l'eau chaude de la cuisson préalable. Laisser cuire à petit bouillon pendant 1 heure 30.

V

BROCHETTES PROVENÇALES

POUR 4 PERSONNES
PRÉPARATION : 20 MINUTES
CUISSON : 15 À 20 MINUTES

- 8 PETITES TOMATES BIEN FERMES
- 4 GROS CHAMPIGNONS DE PARIS
- 2 GROS OIGNONS
- 2 POIVRONS ROUGES
- HUILE D'OLIVE
- SEL, POIVRE, HERBES DE PROVENCE

- Couper les tomates en deux et les oignons et les champignons en quatre.
- Ouvrir les poivrons en deux. Enlever le pédoncule et les graines puis les couper en carrés de 3 cm de côté.
- Pour la confection des brochettes, enfiler 1/2 tomate, 1/4 d'oignon, un carré de poivron, un quartier de champignons, 1/2 tomate, et ainsi de suite, en terminant par 1/2 tomate.
- Arroser d'huile d'olive. Saler, poivrer et saupoudrer d'herbes de Provence.
- Disposer les brochettes sur la lèchefrite du four et placer cette dernière à 10 cm environ sous le gril.
- Faire griller en retournant régulièrement d'un quart les brochettes.

V

CHAMPIGNONS PERSILLÉS

POUR 4 PERSONNES
PRÉPARATION : 20 MINUTES
CUISSON : 15 MINUTES

- 800 G DE CHAMPIGNONS DE PARIS ASSEZ GROS
- 6 GOUSSES D'AIL ÉMINCÉES
- 2 CUILLERÉES À SOUPE DE PERSIL HACHÉ
- HUILE D'OLIVE
- SEL, POIVRE

- Couper l'extrémité terreuse des champignons. Les plonger dans l'eau pour les laver. Laisser bien égoutter. Les couper ensuite en lamelles dans le sens de la hauteur.
- Mettre 3 cuillerées d'huile d'olive dans une poêle et faire chauffer à feu très doux. Y faire revenir les champignons. Bien remuer avec une cuiller en bois pendant la cuisson.
- Quand les champignons ont rendu le maximum d'eau, jeter le jus de cuisson et rajouter 3 nouvelles cuillerées d'huile d'olive. Saler et poivrer. Remettre à feu doux en remuant pendant 1 minute.
- Repousser les champignons dans un coin de la poêle. Pencher la poêle du côté libre en la laissant sur le feu de manière à récupérer le maximum d'huile. Y faire revenir l'ail émincé mélangé au persil. Puis bien mélanger avec les champignons.
- Réserver au chaud ou servir.

NOTE :
Ce plat peut également être servi en entrée.

CHOU À L'ANCIENNE

POUR 5/6 PERSONNES
PRÉPARATION : 15 MINUTES
CUISSON : 2 HEURES 20

- 1 GROS CHOU (1,5 KG)
- 250 G DE LARDONS
- 2 OIGNONS ÉMINCÉS
- BOUQUET GARNI (LAURIER, THYM, PERSIL)
- 2 CUBES DE CONCENTRÉ DE BOUILLON DE BŒUF
- GRAISSE D'OIE
- POIVRE, SEL

- Faire chauffer de l'eau salée dans un grand faitout.
- Dégarnir le chou de ses mauvaises feuilles. Couper le trognon en l'évidant en forme de cône. Couper le chou en quartiers et retirer les plus grosses côtes.
- Faire blanchir le chou pendant 20 minutes. Égoutter.
- Mettre 1 cuillerée à soupe de graisse d'oie dans le fond d'une grande cocotte. Y faire fondre à feu doux les lardons puis faire revenir les oignons émincés.
- Ajouter les morceaux de chou, le bouquet garni et les cubes de concentré de bouillon réduit en tout petits morceaux. Couvrir d'eau. Poivrer et saler légèrement.
- Laisser cuire à couvert à tout petits bouillons pendant 2 heures.
- Verser dans un plat creux et servir après avoir retiré le bouquet garni.

NOTE :
On peut garder le liquide de cuisson, qui pourra servir à faire une soupe en passant au mixer le reste de chou.

CHOUX DE BRUXELLES À LA GERSOISE

POUR 4 PERSONNES
PRÉPARATION : 10 MINUTES
CUISSON : 20 MINUTES

- 1 KG DE CHOUX DE BRUXELLES
- 2 CUBES DE CONCENTRÉ DE BOUILLON DE BŒUF
- GRAISSE D'OIE
- POIVRE, MUSCADE

- Éplucher et laver les choux.
- Porter à ébullition 3 à 4 litres d'eau dans un faitout. Y faire fondre les 2 cubes de concentré de bouillon de bœuf. Poivrer.
- Plonger les choux de Bruxelles. Quand l'eau est revenue à ébullition, baisser le feu pour maintenir un petit bouillon. Faire cuire 12 minutes environ. Égoutter.
- Dans une sauteuse, faire fondre 2 cuillerées à soupe de graisse d'oie. Y faire sauter les choux de Bruxelles à fcu moyen jusqu'à légère coloration. Servir dans un plat creux chaud.

V

CLAFOUTIS DE POIREAUX

POUR 4 PERSONNES.
PRÉPARATION : 15 MINUTES
CUISSON : 1 HEURE 10

- 5 BEAUX POIREAUX
- 300 G DE FROMAGE BLANC EN FAISSELLE
- 3 ŒUFS ENTIERS + 1 JAUNE
- 1 GOUSSE D'AIL ÉCRASÉE AVEC DU GINGEMBRE
- 100 G DE GRUYÈRE RÂPÉ
- SEL, POIVRE

- Préparer les poireaux. Les tronçonner en morceaux de 3 à 4 cm en évitant la partie verte. Faire cuire au cuit-vapeur pendant 20 minutes puis bien les laisser égoutter.
- Dans un saladier, battre les œufs, le jaune et bien mélanger avec le fromage blanc auquel on rajoutera 50 g de gruyère râpé et l'ail au gingembre.
- Répartir les poireaux dans le fond d'un plat allant au four.
- Verser le contenu du saladier.
- Mettre au four pendant 45 minutes (th. 3 - 100 °C).
- Saupoudrer du reste de gruyère et mettre sous le gril quelques minutes jusqu'à ce que le fromage soit gratiné.

NOTE :
Ce plat peut également être servi en entrée, ou même en plat principal d'un repas léger.

V

ENDIVES BRAISÉES

POUR 4 PERSONNES
PRÉPARATION : 5 MINUTES
CUISSON : 1 HEURE 10

- 8 ENDIVES
- HUILE D'OLIVE
- SEL, POIVRE

- Faire cuire les endives dans de l'eau bouillante salée pendant 50 minutes. Les égoutter.
- Les couper en deux et les faire revenir à feu doux de 10 à 15 minutes dans une poêle contenant de l'huile d'olive. Saler, poivrer.

ÉPINARDS À LA CRÈME DE SOJA

POUR 4 PERSONNES
PRÉPARATION : 15 MINUTES
CUISSON : 50 MINUTES

- 2 KG D'ÉPINARDS
- 2 CUILLERÉES À SOUPE DE GRAISSE D'OIE
- 1 BOUQUET DE PERSIL
- 20 CL DE CRÈME DE SOJA
- SEL, POIVRE

- Laver et équeuter les épinards. Les égoutter.
- Dans une cocotte, faire fondre 2 cuillerées à soupe de graisse d'oie. Y mettre les épinards. Laisser cuire à couvert 12 minutes à feu très doux. Saler et ajouter le bouquet de persil. Remuer.
- Laisser cuire encore à couvert pendant 30 minutes.
- Passer les épinards à la moulinette et ajouter la crème de soja. Maintenir au chaud, à feu très doux car la crème de soja peut coaguler à forte température. Saler et poivrer.

V

FENOUILS BRAISÉS

POUR 4 PERSONNES
PRÉPARATION : 5 MINUTES
CUISSON : 1 HEURE 15

- 4 FENOUILS
- HUILE D'OLIVE
- SEL, POIVRE

- Faire cuire les fenouils 60 minutes dans l'eau bouillante salée. Égoutter.
- Faire chauffer 3 cuillerées d'huile d'olive dans une poêle. Y faire revenir les fenouils à feu doux pendant 15 minutes en les retournant régulièrement. Saler, poivrer.

V

FLAN À LA TOMATE

POUR 4/5 PERSONNES
PRÉPARATION : 15 MINUTES
CUISSON : 55 MINUTES

- 8 À 10 TOMATES (SELON GROSSEUR)
- 5 ŒUFS + 1 JAUNE
- 20 CL DE CRÈME FLEURETTE
- 150 G DE GRUYÈRE RÂPÉ
- 100 G DE MOZZARELLA
- 1 CUILLERÉE À SOUPE DE BASILIC FRAIS HACHÉ

- Épépiner et peler les tomates après les avoir plongées 1 minute dans l'eau bouillante.
- Les couper en petits morceaux et les mettre à égoutter une bonne demi-heure pour qu'elles perdent le plus d'eau possible.
- Faire fondre le gruyère râpé dans la crème fleurette chauffée à feù très doux, en remuant constamment avec une cuiller en bois.
- Huiler un plat en grès ou en céramique. Répartir uniformément les morceaux de tomates.
- Battre les œufs et le jaune, la crème au fromage et le basilic. Saler et poivrer généreusement. Verser sur les morceaux de tomates.
- Faire cuire à four doux (th. 4 – 130 °C) pendant 40 minutes.
- Avant de servir, disposer sur le dessus les morceaux de mozzarella coupés en fines tranches. Passer sous le gril du four quelques minutes.

NOTE :
Ce plat peut aussi être servi en entrée ou en plat principal.

GRATIN D'AUBERGINES À LA TOMATE

POUR 4/5 PERSONNES
PRÉPARATION : 20 MINUTES
CUISSON : 55 MINUTES

- 1 KG D'AUBERGINES
- 500 G DE PURÉE DE TOMATES
- 4 GOUSSES D'AIL
- 200 G DE GRUYÈRE RÂPÉ
- 200 G DE MOZZARELLA
- HUILE D'OLIVE
- HERBES DE PROVENCE
- SEL, POIVRE
- 2 CUILLERÉES À SOUPE DE BASILIC FRAIS HACHÉ

- Couper les aubergines dans le sens de la largeur en tranches de 1 cm d'épaisseur. Les faire cuire au cuit-vapeur pendant 15 à 20 minutes. Les laisser égoutter pendant un moment.
- Préparer le coulis de tomates en mélangeant la purée de tomates, les gousses d'ail écrasées, 1 cuillerée à soupe d'herbes de Provence, 2 cuillerées à soupe d'huile d'olive et 2 cuillerées à soupe de basilic frais haché.
- Dans un plat allant au four, préalablement graissé à l'huile d'olive, disposer une couche d'aubergines. Badigeonner abondamment avec le coulis de tomates et saupoudrer de gruyère râpé. Superposer une deuxième couche d'aubergines avec coulis et gruyère, et ainsi de suite jusqu'à épuisement des aubergines.
- À la dernière couche, remplacer le gruyère par la mozzarella en lamelles de 5 mm d'épaisseur. Saupoudrer d'herbes de Provence.
- Faire cuire dans un four préchauffé (th. 5 - 160 °C) pendant 35 minutes. Servir chaud, tiède ou froid.

NOTE :
Ce plat peut aussi être servi en entrée ou en plat principal.

V

GRATINÉE D'OIGNONS

POUR 5 PERSONNES
PRÉPARATION : 15 MINUTES
CUISSON : 55 MINUTES

- 600 G D'OIGNONS ÉMINCÉS
- 150 G DE CRÈME FRAÎCHE
- 6 ŒUFS
- 100 G DE GRUYÈRE RÂPÉ
- 100 G DE MOZZARELLA
- HUILE D'OLIVE
- SEL, POIVRE

- Mettre 3 cuillerées d'huile d'olive dans une grande poêle. Y faire fondre les oignons à feu doux, en remuant constamment à la spatule jusqu'à ce que le maximum d'humidité soit évaporé. Saler et poivrer.
- Battre les œufs dans un grand bol avec la crème fraîche et le fromage râpé. Saler très légèrement et poivrer. Ajouter les oignons recueillis avec une écumoire pour éviter la graisse de cuisson. Remuer de manière à obtenir un mélange homogène.
- Verser dans un plat à gratin et faire cuire 40 minutes au four (th. 4 – 130 °C).
- Couper la mozzarella en tranches très fines (1 à 2 mm d'épaisseur) et en recouvrir la surface du plat.
- Mettre à gratiner sous le gril du four.

NOTE :
Ce plat peut être consommé chaud, tiède et même froid. Il peut également être servi en entrée.

V

GRATINÉE DE CHOU-FLEUR

POUR 5 PERSONNES
PRÉPARATION : 15 MINUTES
CUISSON : 40 MINUTES

- 1 GROS CHOU-FLEUR (1,2 À 1,5 KG)
- 250 G DE GRUYÈRE RÂPÉ
- 40 CL DE CRÈME FLEURETTE
- SEL, POIVRE

- Laver le chou-fleur. Détacher les bouquets en coupant les tiges.
- Faire cuire le chou-fleur pendant 25 minutes dans une grande casserole d'eau bouillante salée. Bien égoutter.
- Dans un bol, mélanger le gruyère râpé et la crème fleurette. Bien poivrer.
- Huiler un plat à gratin et y répartir les bouquets de chou-fleur. Couvrir en nappant avec la crème au gruyère.
- Mettre sous le gril du four préalablement chauffé pendant 10 à 12 minutes.
- Servir très chaud dans le plat de cuisson.

NOTE :
Ce plat peut aussi être servi en entrée ou en plat principal.

JAMBON AUX COURGETTES ET AU PARMESAN

POUR 4 PERSONNES
PRÉPARATION : 15 MINUTES
CUISSON : 20 MINUTES

- 8 TRANCHES DE JAMBON DE PAYS
- 4 BELLES COURGETTES
- 4 GROSSES TOMATES
- 100 G DE PARMESAN RÂPÉ
- HUILE D'OLIVE
- PERSIL HACHÉ
- SEL, POIVRE

- Couper les courgettes en petits dés.
- Ébouillanter les tomates 1 minute. Les peler et les épépiner. Couper la pulpe en dés.
- Mettre 2 cuillerées à soupe d'huile d'olive dans une poêle. Y faire revenir les courgettes et les tomates à feu moyen pendant environ 12 minutes en remuant fréquemment. Saler et poivrer.
- Mélanger progressivement le parmesan en rajoutant une nouvelle cuillerée d'huile d'olive. Laisser cuire à petit feu pendant 5 à 6 minutes en remuant de temps en temps.
- Disposer les tranches de jambon dans les assiettes individuelles. Répartir les courgettes au parmesan dessus. Saupoudrer de persil haché.

NOTE :
Pour faire de cet accompagnement un plat à part entière, il suffira d'y ajouter 2 œufs (fermiers) cuits au plat dans de la graisse d'oie.

V

POIREAUX À L'ÉTOUFFÉE

POUR 4 PERSONNES
PRÉPARATION : 10 MINUTES
CUISSON : 40 MINUTES

- 1 KG DE POIREAUX
- HUILE D'OLIVE

- Couper la racine des poireaux, puis couper la tige 2 cm après le début de la partie verte. Retirer les feuilles extérieures. Faire tremper pour éliminer le sable. Égoutter.
- Tronçonner les poireaux en morceaux de 3 cm de long.
- Verser 3 cuillerées à soupe d'huile d'olive dans un faitout. Y mettre les morceaux de poireaux. Bien remuer et faire cuire à couvert à feu très doux pendant 35 minutes. Remuer régulièrement. Saler et poivrer.
- Vérifier la cuisson (les poireaux doivent être très tendres) et prolonger éventuellement la cuisson à découvert.

V

PURÉE DE BROCOLIS AU SOJA

POUR 4 PERSONNES
PRÉPARATION : 5 MINUTES
CUISSON : 25 MINUTES

- 800 G DE BROCOLIS
- 20 CL DE CRÈME DE SOJA
- SEL, POIVRE

- Faire cuire les brocolis 25 minutes dans le cuit-vapeur.
- Dans un bol, mélanger avec la crème de soja. Saler et poivrer.
- Écraser à la fourchette ou passer au mixer.

V

PURÉE DE CÉLERI

POUR 5/6 PERSONNES
PRÉPARATION : 10 MINUTES
CUISSON : 1 HEURE 15

- 2 CÉLERIS RAVES
- 2 CITRONS
- 60 CL DE CRÈME FLEURETTE
- SEL, POIVRE, NOIX DE MUSCADE

- Éplucher et laver les céleris. Les couper en gros dés. Les faire cuire une bonne heure dans de l'eau bouillante salée avec les citrons coupés en quartiers.
- Jeter l'eau de cuisson et les quartiers de citron.
- Ajouter la crème fleurette dans la casserole. Saler, poivrer. Saupoudrer de noix de muscade râpée.
- Laisser mijoter à feu très doux, jusqu'à ce que la crème soit absorbée par le céleri. Passer au mixer.
- Rectifier l'assaisonnement.

QUICHE RUSTIQUE

POUR 4/5 PERSONNES
PRÉPARATION : 15 MINUTES
CUISSON : 1 HEURE 10

- 5 ŒUFS
- 600 G DE POIREAUX
- 150 G DE PETITS LARDONS
- 1 GROS OIGNON ÉMINCÉ
- 300 G DE CRÈME FRAÎCHE ALLÉGÉE
- 200 G DE GOUDA RÂPÉ
- HUILE D'OLIVE
- SEL, POIVRE, NOIX DE MUSCADE

- Laver les poireaux et ne garder que le blanc et la partie tendre du vert. Les couper en morceaux de 1 à 2 cm d'épaisseur.
- Faire revenir les lardons à feu doux dans une poêle pour leur faire perdre le maximum de graisse. Réserver au chaud.
- Dans une cocotte, verser 2 cuillerées à soupe d'huile d'olive. Y mettre à cuire à feu doux l'oignon émincé et les morceaux de poireaux. Bien remuer et laisser étuver à couvert pendant 20 minutes en remuant régulièrement. Saler, poivrer.
- Casser les œufs dans un saladier. Les battre avec la crème fraîche, saler très légèrement, poivrer et mettre un peu de noix de muscade fraîchement râpée. Ajouter le fromage râpé. Bien mélanger, puis ajouter les petits lardons, les oignons et les poireaux recueillis avec l'écumoire pour éviter le jus de cuisson. Bien mélanger.
- Verser la préparation dans un plat à gratin huilé. Faire cuire à four moyen (th. 5 – 160 °C) ou au bain-marie pendant 40 minutes.
- Servir tiède comme accompagnement, en entrée, ou encore avec une salade verte ou composée.

V

RATATOUILLE

POUR 5/6 PERSONNES
PRÉPARATION : 20 MINUTES
CUISSON : 1 HEURE

- 3 BELLES AUBERGINES
- 3 POIVRONS ROUGES
- 1 KG DE TOMATES
- 3 COURGETTES
- 3 OIGNONS
- 4 GOUSSES D'AIL
- HUILE D'OLIVE
- SEL, POIVRE, PIMENT DE CAYENNE
- HERBES DE PROVENCE

- Ouvrir les poivrons en deux. Enlever le pédoncule et les graines. Les mettre au four sous le gril jusqu'à ce qu'ils deviennent bien colorés. Les laisser refroidir et retirer la peau. Les couper en lamelles.
- Débiter les aubergines en grosses tranches horizontales dans la longueur. Faire de même verticalement. Couper ensuite pour obtenir de gros dés.
- Mettre à cuire à feu doux dans une casserole couverte environ 30 minutes avec de l'huile d'olive. Remuer régulièrement.
- Couper les courgettes en quatre et les débiter en morceaux. Les mettre à cuire dans une poêle avec de l'huile d'olive. Remuer régulièrement.
- Couper les tomates en morceaux et les faire cuire à découvert dans une casserole avec de l'huile d'olive pour leur faire perdre leur eau.
- Faire revenir l'oignon et l'ail à feu très doux dans une autre poêle avec de l'huile d'olive.
- Mettre dans un grand faitout les aubergines et les courgettes sans leur jus de cuisson (les prendre avec l'écumoire). Ajouter les poivrons, les tomates, l'oignon et l'ail (avec l'huile de cuisson).

Arroser avec 15 cl d'huile d'olive. Saupoudrer d'herbes de Provence. Saler, poivrer et mettre une pointe de piment. Bien remuer et faire mijoter à découvert à feu très doux pendant 15 minutes.

- Servir chaud ou froid.

NOTE :
Ce plat est encore meilleur réchauffé.

V

TAGLIATELLES AU PISTOU

POUR 4/5 PERSONNES
PRÉPARATION : 15 MINUTES
CUISSON : 15 MINUTES

- 500 G DE TAGLIATELLES À LA FARINE INTÉGRALE
- 4 GOUSSES D'AIL ÉMINCÉES
- 250 G DE PARMESAN RÂPÉ
- 15 FEUILLES DE BASILIC
- 7 CUILLERÉES À SOUPE D'HUILE D'OLIVE
- 75 G DE PIGNONS
- SEL, POIVRE

- Faire bouillir de l'eau salée en ajoutant 1/2 cuillerée à soupe d'huile d'olive. Y mettre à cuire les tagliatelles pendant 12 minutes.
- Pendant ce temps, piler dans un mortier l'ail et les feuilles de basilic préalablement ciselées. Réduire le tout en une sorte de pâte. Verser progressivement l'huile d'olive en tournant avec une cuiller en bois. Ajouter ensuite le parmesan râpé. Poivrer et saler très légèrement.
- Lorsque les tagliatelles sont cuites, les égoutter et disposer dans des assiettes creuses individuelles.
- Verser la sauce dessus et rajouter les pignons.

TAPENADE

POUR 800 G DE TAPENADE
PRÉPARATION : 10 MINUTES
PAS DE CUISSON

- 250 G D'OLIVES NOIRES DÉNOYAUTÉES
- 100 G DE FILETS D'ANCHOIS
- 100 G DE THON À L'HUILE D'OLIVE
- 200 G DE CÂPRES
- 1 CUILLERÉE À SOUPE DE MOUTARDE DE DIJON
- 1 VERRE DE COGNAC (5 CL)
- 20 CL D'HUILE D'OLIVE
- SEL, POIVRE, PIMENT DOUX

- Passer l'ensemble des ingrédients au mixer et rectifier l'assaisonnement.

NOTE :
Ce plat est à conserver dans un grand pot fermé au réfrigérateur.
La tapenade peut être utilisée dans de nombreuses préparations ou tout simplement être tartinée sur des toasts de pain intégral.

TOMATES FRAÎCHES FARCIES AU SALPICON

POUR 4 PERSONNES
PRÉPARATION : 20 MINUTES
PAS DE CUISSON

- 5/6 TOMATES
- 200 G DE THON AU NATUREL
- 50 G DE FILETS D'ANCHOIS
- 50 G DE CÂPRES
- 50 G DE CORNICHONS
- 1 JAUNE D'ŒUF
- 1 CUILLERÉE À CAFÉ DE MOUTARDE
- HUILE D'OLIVE
- 2 GOUSSES D'AIL
- SEL, POIVRE, PIMENT DOUX

- Râper les gousses d'ail.
- Couper les cornichons en dés très fins.
- Monter une petite mayonnaise avec le jaune d'œuf, la moutarde et l'huile d'olive.
- Passer le thon, les filets d'anchois et les câpres au mixer.
- Mélanger le tout jusqu'à obtention d'un mélange onctueux. Rajouter si nécessaire un filet d'huile d'olive.
- Rectifier l'assaisonnement avec sel, poivre et piment doux. Le salpicon est prêt.
- Creuser un puits dans chaque tomate à l'aide d'une petite cuiller.
- Farcir les tomates de salpicon.
- Disposer sur un plat ou dans des assiettes individuelles et laisser au frais 2 à 3 heures avant de servir.

SALADES

FARANDOLE DE SALADES

Voici quelques idées pour des salades qui seront généralement improvisées en fonction des ingrédients dont vous disposez :

Phase 1 :

– Salade verte (laitue, batavia, mâche, cresson, pissenlits, frisée, endives, rouge…), seule ou mélangée, avec ou sans herbes, mais toujours avec une bonne vinaigrette.

– Salade verte au chèvre chaud (V)

– Salade verte, haricots verts extra-fins, tomates (V)

– Tomates, basilic, fromage de chèvre (ou feta) (V)

– Salade d'avocat, tomates, thon, œufs durs, gruyère, laitue

– Salade d'endives au roquefort ou aux noix (V)

– Salade de haricots verts et saumon fumé

– Salade aux épinards, aux noix et au gruyère (V)

– Salade frisée aux petits lardons

– Salade de concombres et de tomates (V)

– Salade d'artichauts et d'asperges (V)

– Salade de cœurs de palmier (V)

Phase 2

– Salade de lentilles aux échalotes (les échalotes doivent être émincées très finement et la vinaigrette doit être forte en moutarde) (V)

– Salade de pois chiches avec une pointe de cumin (V)

– Salade de haricots rouges avec une pointe de coriandre et surtout un filet d'huile d'olive (V)

L'ASSAISONNEMENT DES SALADES

Pour qu'elle soit bonne, une salade doit :

– n'être composée que d'ingrédients parfaitement frais ;

– avoir du goût, c'est-à-dire être suffisamment bien relevée.

L'assaisonnement d'une salade doit comprendre :

– du sel :

Il est recommandé de choisir du sel de Guérande ou de la fleur de sel ;

– du vinaigre :

le vinaigre de vin doit être rouge. Faire son propre vinaigre est à la portée de tous, à partir des fonds de bouteille de vin rouge et blanc (et même les verres de grands crus que des convives indélicats se laissent servir sans prévenir qu'ils n'y toucheront pas !). Le vinaigre étant un antiseptique, on ne doit pas hésiter à récupérer un verre de bon vin même si quelqu'un y a posé les lèvres ;

le vinaigre de xérès est utilisé fréquemment pour les déglaçages d'après cuisson, mais son goût très typé peut contribuer à relever une salade ;

le vinaigre balsamique, au goût très particulier et très prononcé, est généralement utilisé coupé avec du vinaigre de vin.

– de la moutarde :

Il en existe de plusieurs types, mais celle qui convient le mieux pour les vinaigrettes est la plus classique, c'est-à-dire la moutarde forte de Dijon.

– de l'huile :

Globalement, on peut en retenir trois :

l'huile de tournesol, qui malheureusement doit être raffinée étant donné le goût trop fort du tournesol vierge ;

l'huile d'olive, toujours vierge et provenant d'une première pression à froid. C'est la reine des huiles, dont on doit user et même abuser ;

l'huile de noix, très parfumée, relève le goût d'une manière remarquable. Le seul problème est celui de sa conservation, qui doit se faire au réfrigérateur pour éviter qu'elle ne devienne rance. C'est pourquoi il est recommandé de ne l'acheter qu'en petit conditionnement (25 ou 50 cl).

– des fines herbes fraîches :

Elles ne sont pas obligatoires mais sont toujours les bienvenues. Parmi elles, citons les plus classiques : persil, estragon, basilic, ciboulette, etc.

– des épices :

Le poivre, naturellement, mais on peut aussi agrémenter la vinaigrette avec une discrète pointe de curry ou, en quantité plus généreuse, de piment doux d'Espagne.

– de l'ail et des herbes de Provence :

Pour ceux qui ne peuvent se passer des senteurs du Sud-Est. On peut en tout cas en user d'une manière si discrète que l'on génère la saveur sans que les convives en reconnaissent l'origine.

VINAIGRETTE FAMILIALE

(préparée dans une bouteille ou un récipient spécial)

– 1 cuillerée à soupe de moutarde forte
– 15 cl de vinaigre de vin
– 20 cl d'huile de tournesol
– 20 cl d'huile d'olive
– 1 cuillerée à café de sel de Guérande
– 3 pincées de poivre
– 1 gousse d'ail écrasée
– 1 cuillerée à café d'herbes de Provence
– 3 pincées de piment doux d'Espagne
– 1 petite pincée de piment de Cayenne
– 1 pincée de curry

(La vinaigrette provençale ne contient que de l'huile d'olive et pratiquement tous les autres ingrédients listés ci-dessus.)

POULET EN SALADE

POUR 4 PERSONNES
PRÉPARATION : 20 MINUTES
CUISSON : 20 MINUTES

- 1 PETITE LAITUE
- 4 BRANCHES DE CÉLERI
- 4 BLANCS DE POULET
- 4 ŒUFS DURS
- 24 OLIVES VERTES DÉNOYAUTÉES
- 24 OLIVES NOIRES DÉNOYAUTÉES
- PAPRIKA DOUX
- SEL, POIVRE, VINAIGRETTE ET/OU MAYONNAISE
- GRAISSE D'OIE

- Faire cuire le poulet à feu très doux dans de la graisse d'oie. Saler, poivrer, pimenter. Laisser refroidir et émincer en morceaux de 1/2 cm d'épaisseur.
- Découper les plus belles feuilles de laitue en lanières.
- Couper les branches de céleri en petits morceaux.
- Couper les œufs durs en rondelles et saupoudrer de paprika.
- Dresser les assiettes individuelles en disposant laitue, poulet, céleri, œufs durs et olives.
- Servir en proposant au choix vinaigrette ou mayonnaise.

V

RÉMOULADE DE CÉLERI À L'AVOCAT

POUR 4 PERSONNES
PRÉPARATION : 20 MINUTES
PAS DE CUISSON

- 1 BEAU CÉLERI RAVE (600 G ENVIRON)
- 1 AVOCAT BIEN MÛR
- 1 YAOURT ENTIER
- 1 DOUZAINE D'OLIVES NOIRES
- 1 CITRON
- 1 CUILLERÉE À SOUPE DE MOUTARDE FORTE
- 3 CUILLERÉES À SOUPE D'HUILE D'OLIVE
- 2 GOUSSES D'AIL
- 1 CUILLERÉE À SOUPE DE GERME DE BLÉ EN POUDRE
- 1 CUILLERÉE À SOUPE DE PERSIL HACHÉ
- SEL, POIVRE, CORIANDRE EN POUDRE

- Éplucher le céleri rave, le couper en morceaux et le passer à la râpe. L'arroser d'un peu de citron pour éviter l'oxydation.
- Dénoyauter les olives noires. Écraser les gousses d'ail. Sortir la chair de l'avocat.
- Pour préparer la sauce, mettre dans le mixer l'avocat, le yaourt, la moutarde, le germe de blé, l'huile d'olive, l'ail et les olives noires. Saler, poivrer et ajouter quelques pincées de coriandre. Mixer quelques secondes jusqu'à obtention d'une sauce ayant la consistance d'une mayonnaise.
- Mélanger le céleri râpé avec la sauce.
- Disposer dans un plat ou des assiettes individuelles en parsemant de persil haché.

SALADE D'ASPERGES AU SAUMON FUMÉ

POUR 4 PERSONNES
PRÉPARATION : 20 MINUTES
CUISSON : 50 MINUTES

- 800 G D'ASPERGES
- 200 G DE SAUMON FUMÉ
- 4 BRANCHES D'ANETH
- 4 RONDELLES DE CITRON
- 20 CL DE CRÈME FLEURETTE
- 1 CUILLERÉE 1/2 À SOUPE DE MOUTARDE FORTE

- Laver et peler les asperges. Les faire cuire dans de l'eau salée pendant 50 minutes environ. Vérifier la cuisson en enfonçant la pointe d'un couteau dans une asperge. Égoutter et réserver.
- Monter la crème fleurette en Chantilly. Mélanger avec la moutarde et l'aneth ciselé.
- Rouler la partie verte des asperges dans des morceaux de saumon.
- Disposer les asperges en V sur les assiettes. La pointe du V correspond à la partie garnie de saumon, sur laquelle on versera la crème.
- Décorer avec le reste d'aneth et la rondelle de citron.

V

Salade d'avocat aux poivrons

Pour 4 personnes
Préparation : 15 minutes
Cuisson : 15 à 20 minutes

- 2 avocats bien mûrs
- 2 poivrons rouges
- 4 endives
- quelques feuilles de mesclun
- 2 cuillerées à soupe de persil haché
- 20 olives noires
- vinaigrette provençale (voir plus haut)
- citron

- Passer les poivrons au four ou au cuit-vapeur pour les peler plus facilement. Les couper en fines lanières.
- Couper les avocats en deux, les peler et les couper en lamelles. Les citronner pour éviter l'oxydation.
- Dénoyauter les olives et les hacher.
- Préparer la salade de mesclun.
- Couper les endives en rondelles de 5 mm d'épaisseur.
- Pour servir, disposer harmonieusement sur chaque assiette la salade, les avocats, les endives et les poivrons.
- Arroser de vinaigrette et saupoudrer avec le persil et le hachis d'olives noires.

V

SALADE DE BROCOLIS AUX AMANDES

POUR 4 PERSONNES
PRÉPARATION : 15 MINUTES
CUISSON : 15 MINUTES

- 500 G DE BROCOLIS
- 75 G D'AMANDES
- 2 POIVRONS ROUGES
- 2 CUILLERÉES À SOUPE DE PERSIL HACHÉ
- VINAIGRETTE PROVENÇALE (HUILE D'OLIVE, AIL, HERBES DE PROVENCE...)

- Passer les poivrons au four ou au cuit-vapeur pour les peler plus facilement. Les couper en fines lanières.
- Faire cuire les brocolis à la vapeur pendant 15 minutes après les avoir divisés en bouquets. Laisser tiédir.
- Sur des assiettes individuelles, disposer les brocolis avec dessus les amandes et les lanières de poivrons.
- Verser la vinaigrette et saupoudrer de persil haché.

V

SALADE DE CHAMPIGNONS

POUR 4/5 PERSONNES
PRÉPARATION : 20 MINUTES
CUISSON : 5 MINUTES

- 500 G DE CHAMPIGNONS DE PARIS
- 1 JAUNE D'ŒUF
- 1 VERRE D'HUILE D'OLIVE
- 2 CITRONS
- SEL, POIVRE, MOUTARDE
- 1 BOUQUET DE PERSIL

- Bien nettoyer les champignons.
- Dans une grande casserole, faire bouillir 1 litre d'eau. Ajouter du sel et le jus d'un citron. Quand le liquide est chaud, y plonger les champignons et les laisser cuire pendant 3 ou 4 minutes. Bien égoutter.
- Monter une mayonnaise au fouet ou au batteur avec le jaune d'œuf, 1 cuillerée à café de moutarde et l'huile. Saler, poivrer et continuer en intégrant progressivement le jus du second citron. Réserver au réfrigérateur.
- Couper en lamelles les champignons refroidis. Les mettre dans un saladier et les mélanger avec la mayonnaise. Saupoudrer de persil haché.

V

SALADE DE CHOU ROUGE AUX NOIX

POUR 5 PERSONNES
PRÉPARATION : 15 MINUTES
PAS DE CUISSON

- 1 PETIT CHOU ROUGE
- 1 OIGNON
- 2 CUILLERÉES À SOUPE D'HUILE D'OLIVE
- 2 CUILLERÉES À SOUPE DE VINAIGRE DE VIN ROUGE
- 2 CUILLERÉES À CAFÉ D'HUILE DE NOIX
- 1 CUILLERÉE À CAFÉ DE MOUTARDE
- 50 G DE CERNEAUX DE NOIX
- SEL, POIVRE

- Débarrasser le chou de ses feuilles extérieures les plus grossières pour ne garder que le cœur. Le couper en quatre et trancher chaque quartier en très fines lanières.
- Peler l'oignon et le couper en très fines tranches, dont on détachera les rondelles.
- Préparer une vinaigrette avec l'huile d'olive, l'huile de noix, le vinaigre et la moutarde. Saler et poivrer.
- Mettre le chou dans un saladier, ajouter la vinaigrette et les cerneaux de noix coupés en deux ou en quatre.

Salade de cresson aux lardons

Pour 4 personnes
Préparation : 15 minutes
Cuisson : 12 minutes

- 350 g de cresson
- 100 g de lard frais salé
- 1/2 verre de vinaigre de Xérès
- huile d'olive

- Couper le lard en dés. Les faire blanchir 4 minutes dans de l'eau bouillante non salée. Les égoutter.
- Faire rissoler les dés de lard à feu doux dans une poêle antiadhésive jusqu'à ce que la partie grasse fonde.
- Trier et laver le cresson. L'égoutter et le disposer dans un grand saladier.
- Jeter le gras de cuisson de la poêle et déglacer cette dernière avec le vinaigre de xérès. Verser le tout (lardons et déglaçage) sur le cresson. Arroser d'un filet d'huile d'olive.
- Remuer la salade et servir.

SALADE DE FÈVES AU BACON

POUR 4 PERSONNES
PRÉPARATION : 20 MINUTES
CUISSON : 25 MINUTES

- 1,5 KG DE FÈVES FRAÎCHES
- 150 G DE BACON
- 1 OIGNON
- 1 BOUQUET DE MENTHE FRAÎCHE
- 15 CL D'HUILE D'OLIVE
- 1 CUILLERÉE À SOUPE DE VINAIGRE BALSAMIQUE
- SEL, POIVRE

- Écosser les fèves et les mettre dans une casserole d'eau bouillante salée. Laisser cuire à découvert pendant 15 à 20 minutes. Égoutter, laisser tiédir et retirer la fine pellicule en la pinçant entre le pouce et l'index.
- Émincer l'oignon.
- Ciseler finement une dizaine de feuilles de menthe.
- Couper les tranches de bacon en quatre et les faire revenir à feu doux dans une poêle antiadhésive avec un peu d'huile d'olive, ainsi que l'oignon émincé.
- Dans un saladier, faire une vinaigrette avec l'huile d'olive, le vinaigre balsamique, le sel et le poivre.
- Ajouter les fèves, le bacon, l'oignon, la menthe ciselée.
- Dresser sur des assiettes individuelles en décorant avec le reste des feuilles de menthe.

V

SALADE DE HARICOTS

POUR 4 PERSONNES
PRÉPARATION : 20 MINUTES
CUISSON : 1 HEURE 30

- 200 G DE HARICOTS ROUGES
- 200 G DE CHAMPIGNONS DE PARIS
- 100 G DE SOJA GERMÉ
- 2 POIVRONS ROUGES
- 3 CUILLERÉES À SOUPE DE BASILIC HACHÉ
- 3 CUILLERÉES À SOUPE DE PERSIL HACHÉ
- VINAIGRETTE PROVENÇALE (VOIR PLUS HAUT)
- HUILE DE NOIX

- Faire tremper les haricots pendant 12 heures. Les faire cuire pendant 1 heure 15 dans une eau légèrement salée.
- Nettoyer les champignons de Paris. Les émincer et les arroser de citron pour éviter qu'ils ne noircissent.
- Passer les poivrons au four ou au cuit-vapeur pour les peler plus facilement. Les couper en fines lanières.
- Mettre dans un saladier ou disposer dans des assiettes individuelles les haricots, les champignons, le soja germé, les poivrons, le basilic et le persil.
- Verser dessus la vinaigrette agrémentée d'un filet d'huile de noix.

SALADE DE PISSENLITS AU LARD ET AU FROMAGE

POUR 4 PERSONNES
PRÉPARATION : 20 MINUTES
CUISSON : 5 MINUTES

- 300 G DE PISSENLITS
- 200 G DE BEAUFORT
- 150 G DE POITRINE FUMÉE
- 2 ŒUFS DURS
- 1 GOUSSE D'AIL ÉCRASÉE
- 12 OLIVES VERTES DÉNOYAUTÉES
- VINAIGRETTE À L'HUILE D'OLIVE
- SEL, POIVRE, HUILE DE NOIX

- Nettoyer et laver les pissenlits dans deux ou trois eaux successives. Bien les égoutter.
- Découper la poitrine fumée en lardons et les faire blanchir 4 minutes dans l'eau bouillante non salée. Les égoutter et les éponger avec du papier absorbant. Les faire fondre à feu doux dans une poêle anti-adhésive.
- Faire une vinaigrette en y ajoutant la gousse d'ail.
- Couper le beaufort en cubes et les œufs en rondelles.
- Dans un grand saladier, déposer les pissenlits puis les lardons encore chauds. Ajouter le beaufort et les œufs. Verser dessus la vinaigrette. Rajouter les olives ainsi qu'un filet d'huile de noix.

SALADE GOURMANDE

POUR 4 PERSONNES
PRÉPARATION : 25 MINUTES
CUISSON : 55 MINUTES

- 400 G DE HARICOTS VERTS EXTRA-FINS
- 8 NOIX DE COQUILLES SAINT-JACQUES
- 1 BLOC DE FOIE GRAS DE 200 G
- 1 BOUQUET DE PERSIL
- VINAIGRETTE À L'HUILE D'OLIVE ET AU VINAIGRE BALSAMIQUE
- GROS SEL, POIVRE

- Sortir le foie gras de sa boîte, découper 8 tranches fines et les poser sur une assiette. Recouvrir d'un film alimentaire et placer dans le haut du réfrigérateur pendant au moins 1 heure.
- Faire cuire les haricots verts de manière qu'ils restent très légèrement fermes.
- Faire pocher les noix de Saint-Jacques 5 minutes dans de l'eau avec du gros sel et du poivre. Réserver.
- Couper les noix de Saint-Jacques en tranches très fines.
- Au moment de servir, répartir les haricots verts d'une manière harmonieuse dans chaque assiette. Les entourer des rondelles de noix de Saint-Jacques et disposer les 2 tranches de foie gras.
- Décorer avec le persil. Arroser avec la vinaigrette.

BUFFETS ET COCKTAILS

L'une des recommandations fondamentales de la Méthode Montignac est de ne **jamais** boire de boisson alcoolisée à jeun. Il convient donc de toujours manger d'abord et de boire ensuite.

Voici quelques idées, parmi les plus générales, pour satisfaire ce qui devrait être une obligation, même pour ceux qui n'ont pas de problème de poids.

Phase 1

– Rondelles de saucisson sec

– Chorizo

– Roulés de jambon blanc

– Roulés de saumon fumé

– Olives vertes (V)

– Olives noires (V)

– Cubes de fromage (V)

– Légumes crus (carotte, chou-fleur, branche de céleri, feuilles d'endives) (V)

– Radis, tomates, cerises (V)

– Chipolata, boudin noir

– Roulés de jambon de pays

Phase 2

– Pruneaux au bacon

– Saucisses cocktail

– Canapés de pain intégral avec foie gras, saumon fumé, caviar ou rillettes d'oie

– Surimi

V

BEURRE DE CÉLERI AU ROQUEFORT

PRÉPARATION : 5 MINUTES
PAS DE CUISSON

- 150 G DE ROQUEFORT
- 50 G DE BEURRE MOU
- 1 BELLE BRANCHE DE CÉLERI BRANCHE
- 4 CUILLERÉES À SOUPE DE CRÈME FRAÎCHE À 15 % DE MG
- 3 CUILLERÉES À CAFÉ D'ARMAGNAC
- SEL, POIVRE

- Laver le céleri branche. Enlever les feuilles et les fils. Le couper en tronçons.
- Mettre dans le mixer le céleri, le beurre, le roquefort, la crème fraîche, l'armagnac. Saler, poivrer.
- Mettre à disposition des convives sur le buffet de crudités ou encore farcir des feuilles d'endives.

V

MOUSSE DE CONCOMBRE AU CHÈVRE FRAIS

PRÉPARATION : 10 MINUTES
PAS DE CUISSON

- 250 G DE FROMAGE DE CHÈVRE BIEN ÉGOUTTÉ
- 1 CONCOMBRE
- 2 CUILLERÉES À SOUPE D'HUILE D'OLIVE
- 1 CUILLERÉE À SOUPE DE MOUTARDE FORTE
- 3 CUILLERÉES À SOUPE DE CIBOULETTE CISELÉE
- SEL, POIVRE

- Peler le concombre, l'ouvrir en deux, l'épépiner puis le couper en dés. Le mettre à égoutter pendant 30 minutes.
- Dans le bol du mixer, mettre le fromage de chèvre, le concombre, l'huile d'olive et la moutarde. Saler, poivrer.
- Mixer jusqu'à obtention d'une mousse bien onctueuse.
- Mélanger avec la ciboulette et réserver au réfrigérateur avant de servir.

MOUSSE DE JAMBON À L'AVOCAT

PRÉPARATION : 5 MINUTES
PAS DE CUISSON

- 150 G DE JAMBON BLANC SANS GRAS
- 50 G DE JAMBON DE PAYS SANS GRAS
- 2 AVOCATS BIEN MÛRS
- 1 CUILLERÉE À SOUPE D'HUILE D'OLIVE
- 3 CUILLERÉES À SOUPE DE CRÈME FRAÎCHE
- 1 CUILLERÉE À SOUPE DE COGNAC
- LE JUS D'1/2 CITRON
- SEL, POIVRE, TABASCO

- Couper les avocats en deux et en extraire la chair.
- Dans le bol du mixer, mettre l'avocat, le jambon coupé en morceaux, l'huile d'olive, le jus de citron, le cognac, la crème fraîche, quelques gouttes de tabasco, le sel et le poivre.
- Mixer jusqu'à obtention d'une pâte onctueuse.
- Réserver au réfrigérateur avant de servir.

MOUSSE DE THON

PRÉPARATION : 10 MINUTES
PAS DE CUISSON

- 250 G DE THON AU NATUREL EN BOÎTE
- 1 PETITE BOÎTE D'ANCHOIS À L'HUILE
- 150 G D'OLIVES VERTES DÉNOYAUTÉES
- 4 CUILLERÉES À SOUPE D'HUILE D'OLIVE
- 3 GOUSSES D'AIL ÉCRASÉES
- 3 CUILLERÉES À CAFÉ DE VINAIGRE BALSAMIQUE
- 3 CUILLERÉES À CAFÉ DE MOUTARDE FORTE
- 1 CUILLERÉE À SOUPE DE CRÈME FRAÎCHE
- POIVRE

- Faire égoutter le thon et l'émietter.
- Dans le bol du mixer, mettre le thon, les anchois avec leur huile, les olives vertes, l'ail, le vinaigre, la moutarde et la crème fraîche. Poivrer.
- Mixer jusqu'à obtention d'une pâte homogène.
- Rectifier l'assaisonnement et mettre au réfrigérateur avant de servir.

V

SAUCE COCKTAIL À LA TOMATE

PRÉPARATION : 5 MINUTES
PAS DE CUISSON

- 3 YAOURTS NATURE AU LAIT ENTIER
- 3 CUILLERÉES À SOUPE DE CONCENTRÉ DE TOMATE
- 1 GOUSSE D'AIL ÉCRASÉE
- 1 CUILLERÉE À SOUPE D'HUILE D'OLIVE
- 2 CUILLERÉES À CAFÉ DE THYM
- SEL, POIVRE, PIMENT DE CAYENNE

- Dans un bol, mélanger les yaourts, le concentré de tomate et l'huile d'olive jusqu'à obtenir un mélange homogène et onctueux.
- Rajouter l'ail et le thym. Bien remuer.
- Assaisonner avec le sel, le poivre et le piment et garder 2 ou 3 heures au réfrigérateur avant de servir

V

SAUCE COCKTAIL AU PAPRIKA ET AU FROMAGE

PRÉPARATION : 5 MINUTES
PAS DE CUISSON

- 400 G DE FROMAGE BLANC EN FAISSELLE
- 2 GOUSSES D'AIL EN PURÉE
- 1 BOUQUET DE PERSIL
- 1 BOUQUET DE CIBOULETTE
- 1 BOUQUET D'ANETH
- 20 OLIVES NOIRES DÉNOYAUTÉES
- 1/2 CUILLERÉE À CAFÉ DE PAPRIKA
- 1 CUILLERÉE À SOUPE D'HUILE D'OLIVE
- SEL, POIVRE

- Mélanger dans un grand bol le fromage blanc bien égoutté, la purée d'ail, le persil haché, la ciboulette et l'aneth finement ciselés, les olives noires hachées, le paprika et l'huile d'olive. Saler et poivrer.
- Mettre au réfrigérateur au moins 2 heures.
- Servir comme sauce pour manger avec des crudités.

V

SAUCE COCKTAIL AU ROQUEFORT

PRÉPARATION : 5 MINUTES
PAS DE CUISSON

- 100 G DE ROQUEFORT
- 2 YAOURTS NATURE ENTIER
- 2 CUILLERÉES À SOUPE DE PERSIL HACHÉ
- POIVRE

- Écraser le roquefort à la fourchette.
- Dans un bol, bien mélanger avec les yaourts jusqu'à l'obtention d'une crème onctueuse.
- Ajouter le persil haché.
- Poivrer.

DESSERTS

BAVAROIS À L'ABRICOT ET SON COULIS

POUR 4 PERSONNES
PRÉPARATION : 20 MINUTES
CUISSON : 15 MINUTES

- 750 G D'ABRICOTS
- 5 FEUILLES DE GÉLATINE (OU L'ÉQUIVALENT D'AGAR-AGAR)
- 25 CL DE LAIT ENTIER
- 100 G DE FRUCTOSE
- 20 CL DE CRÈME FLEURETTE
- 5 CL DE COGNAC

- Couper les abricots en deux et les dénoyauter. Les placer dans le cuit-vapeur et les faire cuire 10 minutes. Réserver et laisser refroidir.
- Porter le lait à ébullition puis le laisser refroidir 10 minutes.
- Faire tremper les feuilles de gélatine dans de l'eau froide. Les égoutter et les ajouter au lait. Bien remuer et laisser reposer pendant 15 minutes.
- Monter la crème fleurette en Chantilly avec 50 g de fructose.
- Incorporer la Chantilly dans le lait en ajoutant le cognac. Remuer délicatement avec le fouet pour obtenir une crème homogène.
- Couper la moitié des abricots en morceaux et les mélanger à l'appareil.
- Verser dans des cercles de 8 cm (voir page 22) ou des ramequins et faire prendre au réfrigérateur pendant 6 heures.
- Passer le reste des abricots au mixer avec 50 g de fructose pour en faire un coulis et réserver au frais.
- Servir en démontant (ou en démoulant) sur les assiettes, entourés du coulis.

BAVAROIS DE FRAMBOISES ET SON COULIS

POUR 4 PERSONNES
PRÉPARATION : 20 MINUTES
CUISSON : 15 MINUTES

- 750 G DE FRAMBOISES
- 1 CITRON
- 3 CUILLERÉES À SOUPE DE FRUCTOSE
- 150 G DE FROMAGE BLANC (EN FAISSELLE)
- 15 CL DE CRÈME FLEURETTE
- 5 FEUILLES DE GÉLATINE (OU L'ÉQUIVALENT D'AGAR-AGAR)

- Mixer les framboises et passer (éventuellement) au chinois pour éliminer les pépins.
- Ajouter le jus du citron et le fructose.
- Réserver un tiers de la préparation au réfrigérateur pour le coulis.
- Faire fondre les feuilles de gélatine au bain-marie avec 2 cuillerées à soupe d'eau. Incorporer immédiatement à la purée de framboises non réservée. Mélanger au fromage blanc bien égoutté et à la crème fleurette.
- Verser dans des ramequins et faire prendre au réfrigérateur pendant 2 heures. Mettre ensuite dans des cercles (voir note page 22) et remettre au froid pendant 3 à 4 heures.
- Pour servir, décercler sur chaque assiette en versant un peu de coulis autour, et décorer éventuellement avec une feuille de menthe.

BLANC-MANGER AU COULIS DE FRAMBOISES

POUR 5 PERSONNES
PRÉPARATION : 20 MINUTES
CUISSON : 5 MINUTES

- 250 G DE FRAMBOISES
- 400 G DE FROMAGE BLANC EN FAISSELLE
- 30 CL DE CRÈME LIQUIDE
- 4 CUILLERÉES À SOUPE DE MARMELADE DE FRAMBOISE SANS SUCRE AJOUTÉ
- 6 FEUILLES DE GÉLATINE (OU L'ÉQUIVALENT D'AGAR-AGAR)
- 1 CUILLERÉE À SOUPE DE FRUCTOSE
- 1 CUILLERÉE À SOUPE DE RHUM

- Monter la crème en Chantilly.
- Après l'avoir fait ramollir, faire fondre la gélatine dans le rhum légèrement chauffé.
- Bien mélanger la Chantilly, le fromage blanc bien égoutté, la gélatine fondue dans le rhum et la marmelade de framboise.
- Garnir des cercles (voir page 22) ou, à défaut, des ramequins en incorporant quelques framboises dans chacun d'eux.
- Préparer le coulis en passant le reste des framboises au mixer avec le fructose.
- Pour servir, décercler sur les assiettes et napper de coulis.

BROUILLADE DE POMMES À LA CANNELLE

POUR 4 PERSONNES
PRÉPARATION : 30 MINUTES
CUISSON : 35 MINUTES

- 8 BELLES POMMES
- 3 ŒUFS ENTIERS + 3 JAUNES
- 4 CUILLERÉES À SOUPE DE FRUCTOSE
- 5 CL DE CALVADOS
- 15 CL DE CRÈME FRAÎCHE ALLÉGÉE
- CANNELLE EN POUDRE

- Peler les pommes, les couper en quartiers et retirer le trognon. Les faire cuire au cuit-vapeur pendant environ 20 minutes. Bien égoutter.
- Dans un grand saladier, battre les œufs, les jaunes et le fructose. Ajouter les pommes, le calvados, la crème fraîche. Saupoudrer de cannelle. Continuer à battre avec le fouet jusqu'à obtention d'une masse homogène.
- Mettre le tout dans une grande poêle antiadhésive et cuire à feu très très doux, comme des œufs brouillés, sans cesser de remuer avec une spatule. Arrêter la cuisson avant que la brouillade ne soit desséchée.
- Disposer dans le fond d'assiettes creuses ou dans de gros ramequins. Saupoudrer la surface de cannelle. Entreposer 2 à 3 heures au réfrigérateur.
- Servir frais tel quel ou avec un coulis de chocolat et/ou de la crème Chantilly.

CHÂTAIGNIER AU CHOCOLAT

POUR 5 PERSONNES
PRÉPARATION : 20 MINUTES
CUISSON : 15 MINUTES

- 1,5 KG DE CHÂTAIGNES
- 200 G DE CHOCOLAT À 70 % DE CACAO
- 100 G DE CRÈME FRAÎCHE
- 3 CUILLERÉES À SOUPE DE FRUCTOSE
- 50 CL DE LAIT
- 1 BÂTON DE VANILLE (OU 2 CC D'EXTRAIT)
- 7 CL DE COGNAC

- Écorcer les châtaignes.
- Les ébouillanter 5 minutes pour enlever plus facilement leur pellicule intérieure.
- Les faire cuire à feu doux dans le lait vanillé pendant environ 30 minutes jusqu'à ce qu'elles soient moelleuses.
- Les égoutter et les réduire en purée avec le moulin à légumes.
- Faire fondre le chocolat au bain-marie après avoir ajouté le cognac.
- Dans un saladier, bien mélanger la purée de châtaignes, le chocolat fondu, la crème fraîche et le fructose.
- Garnir un moule de papier aluminium légèrement graissé. Y verser le mélange. Recouvrir de film alimentaire et mettre au réfrigérateur pendant au moins 5 heures.
- Démouler et servir à l'assiette sur un fond de chocolat fondu en décorant éventuellement avec de la crème Chantilly.

CITRONNIER

POUR 4 PERSONNES
PRÉPARATION : 20 MINUTES
CUISSON : 20 MINUTES

- 3 CITRONS
- 5 JAUNES D'ŒUFS ET 1 ŒUF ENTIER
- 20 CL DE LAIT ENTIER
- 150 G DE FRUCTOSE
- 20 CL DE CRÈME FLEURETTE
- 3 FEUILLES DE GÉLATINE (OU L'ÉQUIVALENT D'AGAR-AGAR)

- Prélever le zeste d'un citron.
- Battre les œufs avec le fructose, le jus des 3 citrons et le zeste.
- Faire chauffer le lait. Laisser tiédir quelques minutes.
- Verser doucement le lait sur la préparation précédente en fouettant rapidement.
- Remettre à feu très doux (ou mieux encore au bain-marie) pour faire épaissir le mélange tout en remuant avec le fouet. Laisser refroidir 10 minutes.
- Faire tremper les feuilles de gélatine dans l'eau froide quelques minutes. Les essorer et les ajouter à la préparation. Bien dissoudre au fouet. Laisser refroidir 30 minutes.
- Monter la crème fleurette en chantilly et l'incorporer à la crème.
- Verser dans des ramequins, recouvrir de film et mettre au réfrigérateur 5 à 6 heures avant de servir.

Clafoutis aux cerises

Pour 5 personnes
Préparation : 15 minutes
Cuisson : 60 minutes

- 750 g de cerises dénoyautées
- 20 cl de lait
- 20 cl de crème fleurette
- 60 g de fructose en poudre
- 6 œufs
- 2 cuillerées à soupe de rhum
- extrait de vanille

- Faire chauffer le lait et la crème fleurette sans laisser bouillir. Mettre à refroidir.
- Dans un grand bol, battre les œufs avec le fructose. Verser le lait progressivement, sans cesser de tourner. Ajouter le rhum et quelques gouttes d'extrait de vanille.
- Répartir les cerises dans un plat à gratin. Verser la préparation précédente.
- Faire cuire 50 minutes au four (th. 4 – 130 °C). Laisser refroidir, éventuellement au réfrigérateur, complètement avant de servir.

Crème caramel au fructose

Pour 6 personnes
Préparation : 15 minutes
Cuisson : 55 minutes

- 1 litre de lait entier
- 6 œufs
- 1 gousse de vanille
- 150 g de fructose en poudre
- 1 cuillerée à café de cognac

- Faire bouillir le lait avec la gousse de vanille fendue. Laisser refroidir.
- Dans un moule, faire un caramel avec 50 g de fructose et un peu d'eau.
- Dans un bol, battre les œufs entiers avec 100 g de fructose. Verser progressivement le lait tiède en remuant avec le fouet. Ajouter le cognac.
- Verser dans le moule et mettre à cuire au bain-marie dans un four chaud (th. 6 – 200 °C) pendant 45 minutes. Une fois revenu à température ambiante, mettre au réfrigérateur pendant au moins 4 heures.
- Pour démouler, placer le moule une minute dans l'eau bouillante et le retourner sur le plat de service. (On peut aussi servir dans des ramequins individuels.)

Crème catalane aux framboises fraîches

Pour 4 personnes
Préparation : 15 minutes
Cuisson : 60 minutes

- 1 barquette de framboises
- 5 jaunes d'œufs
- 350 g de crème fraîche
- 15 cl de lait entier
- 80 g de fructose
- 1 pincée de cannelle

- Faire bouilir le lait. Le laisser refroidir pendant 10 minutes.
- Verser dans un grand bol les jaunes d'œufs, le fructose et la cannelle. Fouetter jusqu'à ce que la préparation blanchisse.
- Ajouter la crème fraîche et le lait préalablement mélangés dans un bol.
- Dans un plat creux ou des ramequins individuels, tapisser le fond de framboises. Y verser la préparation.
- Placer le plat ou les ramequins au bain-marie dans un four préalablement chauffé (th. 4 – 130 °C). (L'eau du bain-marie doit être chaude.) Laisser cuire 55 minutes.
- Laisser refroidir à température ambiante et mettre au réfrigérateur pendant au moins 4 heures.
- Au moment de servir, la crème catalane peut être passée quelques minutes sous le gril du four pour lui faire prendre une coloration dorée.

Crème d'orange

Pour 4 personnes
Préparation : 20 minutes
Cuisson : 45 minutes

- 9 jaunes d'œufs + 1 œuf entier
- 150 g de fructose
- le jus de 4 ou 5 oranges très juteuses (30 cl environ)
- 20 cl de crème fleurette
- le zeste d'1 orange

- Dans un grand bol, battre les œufs avec le fructose.
- Monter la crème fleurette en chantilly et la mélanger avec les œufs.
- Porter à ébullition le jus d'orange avec le zeste, et faire cuire à gros bouillons pendant 3 minutes.
- Laisser refroidir 5 minutes et verser tout doucement sur les œufs sans cesser de remuer au fouet.
- Remplir des ramequins et les faire cuire au bain-marie dans un four préchauffé (th. 4 – 130 °C) pendant 40 minutes.
- Laisser refroidir et mettre au réfrigérateur pendant 4 ou 5 heures au moins avant d'être servi.

Flan
à la noix de coco

Pour 4 personnes
Préparation : 10 minutes
Cuisson : 45 minutes

- 5 œufs
- 100 g de noix de coco en poudre
- 100 g de fructose
- 40 cl de crème fleurette

- Dans un bol, battre les œufs avec le fructose. Rajouter la crème fleurette, puis la noix de coco.
- Verser dans un moule à cake et laisser reposer pendant 15 minutes en couvrant d'un linge.
- Faire cuire 45 minutes au bain-marie au four (th. 4 – 130 °C).
- Servir à température ambiante (ou froid) avec un coulis de framboises ou du chocolat chaud.

FRAISES À L'ORANGE MENTHOLÉE

POUR 4 PERSONNES
PRÉPARATION : 10 MINUTES
CUISSON : 15 MINUTES

- 500 G DE FRAISES
- 3 ORANGES
- 1/2 VERRE DE COINTREAU
- 50 G DE FRUCTOSE
- 12 FEUILLES DE MENTHE

- Presser le jus des oranges.
- Dans une casserole, mettre le jus des oranges, le cointreau, le fructose et 5 feuilles de menthe hachées. Chauffer et faire réduire de moitié. Laisser refroidir.
- Rincer les fraises sous l'eau et les laisser égoutter.
- Les équeuter et les couper en deux.
- Les disposer dans les assiettes individuelles.
- Napper avec le sirop à l'orange mentholé.
- Pour servir, décorer avec les feuilles de menthe.

FRAISES
À LA MENTHE ET AU YAOURT

POUR 4 PERSONNES
PRÉPARATION : 15 MINUTES
PAS DE CUISSON

- 750 G DE FRAISES
- 3 YAOURTS ENTIERS
- 1 GROS BOUQUET DE MENTHE
- 2 CUILLERÉES À SOUPE DE MARMELADE DE FRAISE SANS SUCRE AJOUTÉ

- Rincer, équeuter, égoutter les fraises et les disposer dans des coupes.
- Effeuiller la menthe et la hacher finement.
- Dans un bol, bien mélanger les yaourts, la menthe et la marmelade de fraise sans sucre. Mettre au réfrigérateur.
- Verser sur les fraises avant de servir.

FRAMBOISIER

POUR 4/5 PERSONNES
PRÉPARATION : 20 MINUTES
CUISSON : 20 MINUTES

- 250 G DE FRAMBOISES
- 4 JAUNES D'ŒUFS
- 1/2 LITRE DE LAIT ENTIER
- 2 CUILLERÉES À SOUPE DE FRUCTOSE
- 1 GOUSSE DE VANILLE
- 4 FEUILLES DE GÉLATINE (OU L'ÉQUIVALENT D'AGAR-AGAR)
- 20 CL DE CRÈME FLEURETTE

- Faire bouillir le lait avec la gousse de vanille fendue. Laisser tiédir 10 minutes.
- Battre les jaunes d'œufs en versant doucement le lait tiède dessus. Fouetter rapidement.
- Remettre à feu très doux (ou mieux au bain-marie) pour faire légèrement épaissir le mélange, tout en remuant avec le fouet comme pour une crème anglaise. Rajouter le fructose.
- Faire tremper les feuilles de gélatine dans l'eau froide quelques minutes. Les essorer et les ajouter à la crème anglaise encore tiède. Les dissoudre au fouet. Faire refroidir le tout 1 heure à température ambiante.
- Monter la crème fleurette en Chantilly et l'incorporer à la préparation précédente avant qu'elle ne prenne.
- Verser dans des ramequins en y incorporant les framboises.
- Recouvrir de film alimentaire et mettre au réfrigérateur pendant 5 à 6 heures au moins.
- Servir tel quel ou avec de la crème Chantilly répartie sur le dessus du ramequin et saupoudrée de cacao.

FRUITS ROUGES EN GELÉE DE VIN ROUGE

POUR 6 PERSONNES
PRÉPARATION : 20 MINUTES
CUISSON : 10 MINUTES

- 200 G DE FRAISES
- 200 G DE FRAMBOISES
- 100 G DE MYRTILLES
- 100 G DE MÛRES
- 40 CL DE VIN ROUGE TANNIQUE (CORBIÈRES, CÔTES-DU-RHÔNE...)
- 10 CL DE FRUCTOSE LIQUIDE (OU 4 CUILLERÉES À SOUPE)
- 1/2 CUILLERÉE À CAFÉ DE CANNELLE
- 7 FEUILLES DE GÉLATINE (OU L'ÉQUIVALENT D'AGAR-AGAR)
- FEUILLES DE MENTHE

- Placer le moule en couronne au congélateur.
- Mettre le vin dans une casserole avec la cannelle et porter à ébullition. Retirer aussitôt la casserole du feu.
- Pendant ce temps, préparer les fruits.
- Faire ramollir la gélatine pendant 5 minutes dans de l'eau puis la faire fondre dans le vin chaud. Rajouter le fructose liquide, mélanger bien et laisser refroidir.
- Sortir le moule du congélateur et napper le fond d'une couche de 5 mm de gelée en l'inclinant dans tous les sens pour bien recouvrir toutes les parois. Remettre au congélateur pour quelques minutes puis recommencer l'opération jusqu'à ce que la couche soit épaisse de 1 cm environ.
- Placer les fruits dans le moule en les répartissant bien et en intercalant des feuilles de menthe.

- Verser doucement la gelée de vin restante. Couvrir d'une feuille de papier aluminium et laisser au réfrigérateur une nuit entière (ou 8 à 10 heures).
- Démouler au moment de servir.

GÂTEAU AUX POMMES PAYSAN

POUR 5 PERSONNES
PRÉPARATION : 25 MINUTES
CUISSON : 20 MINUTES

- 6 OU 7 POMMES
- 150 G DE FRUCTOSE
- 10 ŒUFS + 2 JAUNES
- 20 CL DE CRÈME FLEURETTE
- FRUCTOSE GLACE

- Peler les pommes et les couper en quartiers fins (16 par pomme).
- Graisser une grande poêle antiadhésive (25 cm de diamètre) avec un papier absorbant huilé.
- Disposer les quartiers de pommes sur toute la surface.
- Casser les œufs dans un saladier. Ajouter les jaunes, la crème fleurette et la moitié du fructose. Battre l'ensemble.
- Mettre la poêle sur le feu. Saupoudrer les pommes avec le reste de fructose. Faire fondre les pommes et leur laisser perdre de l'humidité.
- Quand elles sont devenues molles et légèrement transparentes, ajouter les œufs battus et laisser cuire.
- Dans la dernière phase de cuisson, lorsque les deux tiers de l'omelette sont cuits, finir la cuisson en disposant la poêle sous le gril, ce qui permettra de bien faire dorer le dessus du gâteau.
- Saupoudrer de fructose glace.

GÂTEAU AU CHOCOLAT FONDANT

POUR 4 À 6 PERSONNES
PRÉPARATION : 25 MINUTES
CUISSON : 30 MINUTES

- 250 G DE CHOCOLAT À 70 % DE CACAO
- 5 ŒUFS
- 1 CUILLERÉE À CAFÉ DE ZESTE D'ORANGE
- 1 PINCÉE DE SEL
- 2 CUILLERÉES À SOUPE DE COGNAC

- Faire fondre le chocolat au bain-marie en mouillant avec 1 demi-verre d'eau. Séparer les blancs des jaunes. Monter les blancs en neige bien ferme avec une petite pincée de sel.
- Retirer la casserole de chocolat du bain-marie, ajouter le cognac et la moitié du zeste d'orange et bien remuer pour obtenir un mélange onctueux.
- Laisser refroidir 2 à 3 minutes et bien mélanger avec les jaunes d'œufs. Rajouter les blancs en neige jusqu'à obtenir un mélange homogène. Verser dans un plat à gâteau de manière à avoir au moins une épaisseur de 5 cm. Saupoudrer avec le reste du zeste d'orange.
- Faire cuire 20 minutes dans un four préalablement chauffé (th. 3 – 100 °C).

NOTE :
Ce plat peut être servi avec une crème fouettée, une boule de glace à la vanille ou encore à la nage dans une crème anglaise au fructose.

GRATINÉE DE NECTARINES

POUR 4 PERSONNES
PRÉPARATION : 15 MINUTES
CUISSON : 20 MINUTES

- 6 BELLES NECTARINES
- 5 JAUNES D'ŒUFS
- 100 G DE FRUCTOSE
- 20 CL DE VIN BLANC MOELLEUX (MONTBAZILLAC, SAINTE-CROIX-DU-MONT)

- Porter 75 cl d'eau à ébullition.
- Y faire pocher les nectarines pendant 5 minutes.
- Les égoutter et les partager en deux pour les dénoyauter. Retirer éventuellement la peau et les couper en demi-quartiers.
- Verser les jaunes d'œufs et le fructose dans un grand bol et fouetter pendant 3 ou 4 minutes.
- Pour préparer le sabayon, mettre le bol dans un bain-marie sur feu doux et continuer à fouetter jusqu'à ce que le mélange épaississe, en ajoutant progressivement le vin.
- Disposer les morceaux de nectarine dans des assiettes creuses allant au four. Verser dessus le sabayon et passer sous le gril du four pendant quelques minutes avant de servir.

GRATINÉE DE POIRES

POUR 4 PERSONNES
PRÉPARATION : 20 MINUTES
CUISSON : 35 MINUTES

- 8 BELLES POIRES
- 100 G DE FRUCTOSE
- 5 JAUNES D'ŒUFS
- LE JUS D'1 ORANGE
- 1 CUILLERÉE À CAFÉ D'EXTRAIT DE VANILLE
- 1 CUILLERÉE À SOUPE DE RHUM
- FEUILLES DE MENTHE

- Peler les poires, les couper en quatre et retirer le trognon. Recouper chaque quartier en deux.
- Disposer les morceaux de poires dans le fond légèrement huilé d'un plat allant au four. Saupoudrer avec 25 g de fructose.
- Mettre au four sous le gril pendant 5 à 10 minutes, le temps que les poires se colorent légèrement sans brûler. Réserver.
- Pour préparer le sabayon, travailler au fouet dans un grand bol les jaunes d'œufs et le reste de fructose jusqu'à ce que le mélange blanchisse légèrement.
- Ajouter le jus d'orange, la vanille, le rhum et le jus de cuisson des poires.
- Faire cuire tout doucement au bain-marie, en remuant constamment, jusqu'à ce que la crème s'épaississe légèrement.
- Disposer les morceaux de poires dans des assiettes creuses. Verser la crème et servir en décorant avec une feuille de menthe.

NOTE :
Les assiettes peuvent être recouvertes de film alimentaire et entreposées au réfrigérateur. Elles pourront ensuite être servies telles, fraîches, ou être passées sous le gril (le plus près possible) pendant quelques instants, le temps d'obtenir une gratinée rapide.

MOUSSE AU CAFÉ

POUR 6 PERSONNES
PRÉPARATION : 20 MINUTES
CUISSON : 10 MINUTES

- 4 CUILLERÉES À SOUPE DE CAFÉ INSTANTANÉ
- 20 CL DE CRÈME FLEURETTE
- 6 ŒUFS
- 3 FEUILLES DE GÉLATINE (OU L'ÉQUIVALENT D'AGAR-AGAR)
- 1/2 VERRE DE RHUM
- 100 G DE FRUCTOSE

- Dans une casserole, faire dissoudre au bain-marie le café instantané avec la crème fleurette et le rhum. Ajouter le fructose et le faire dissoudre.
- Faire ramollir la gélatine pendant quelques minutes. Après l'avoir essorée, la faire dissoudre à son tour dans la préparation précédente. Laisser refroidir.
- Casser les œufs en séparant les blancs des jaunes.
- Monter les blancs en neige en jetant une pincée de sel au démarrage pour qu'ils soient le plus ferme possible.
- Mélanger la crème au café avec les jaunes d'œufs. Incorporer les blancs en mélangeant de haut en bas avec la spatule.
- Mettre au réfrigérateur 5 à 6 heures.
- Avant de servir, saupoudrer de grains de café moulus.

MOUSSE AUX AMANDES FRAÎCHES

POUR 4/5 PERSONNES
PRÉPARATION : 25 MINUTES
CUISSON : 15 MINUTES

- 4 ŒUFS
- 100 G D'AMANDES FRAÎCHES DÉCORTIQUÉES
- 35 CL DE CRÈME FLEURETTE TRÈS FROIDE
- 100 G DE GROSEILLES ÉGRENÉES ET LAVÉES
- 100 G DE FRUCTOSE LIQUIDE
- LE JUS D'1/2 CITRON
- 1 CUILLERÉE À CAFÉ DE ZESTE DE CITRON
- 1 CUILLERÉE À SOUPE DE FRUCTOSE LIQUIDE

- Mettre un bol au bain-marie chaud mais à feu réduit. Y casser les œufs et les fouetter avec le fructose en poudre jusqu'à ce que le mélange augmente de volume et devienne mousseux et ferme.
- Continuer à fouetter hors du bain-marie jusqu'à refroidissement. Ajouter le jus de citron et le fructose liquide puis ajouter le zeste de citron. Réserver.
- Hacher les amandes. Les faire légèrement blondir à sec dans une poêle antiadhésive sur feu doux.
- Monter la crème fleurette en Chantilly. Rajouter délicatement les amandes et les groseilles ainsi que les œufs.
- Tapisser un moule en couronne avec du film étirable. Y verser la préparation et rabattre le film par-dessus.
- Faire prendre au réfrigérateur pendant 4 heures.
- Démouler sur un plat, décorer avec des feuilles de menthe.

PÊCHES AU FROMAGE ET AUX FRAMBOISES

POUR 4 PERSONNES
PRÉPARATION : 10 MINUTES
CUISSON : 10 MINUTES

- 500 G DE FROMAGE FRAIS EN FAISSELLE
- 2 CUILLERÉES À SOUPE DE CRÈME FRAÎCHE
- 6 BELLES PÊCHES
- 100 G DE MARMELADE DE FRAMBOISES SANS SUCRE
- FEUILLES DE MENTHE

- Faire pocher les pêches pendant 10 minutes environ. Enlever leur peau, les couper en deux et retirer les noyaux.
- Passer au mixer le fromage blanc, la crème fraîche et la marmelade de framboises. En remplir le fond d'assiettes creuses individuelles.
- Poser 3 demi-pêches dans chaque assiette. Recouvrir de film et mettre au réfrigérateur.
- Servir frais après avoir décoré avec les feuilles de menthe.

Poires au vin

Pour 4 personnes
Préparation : 20 minutes
Cuisson : 20 minutes

- 4 à 6 poires selon la grosseur
- 25 cl de vin rouge tannique (Bordeaux, Côtes-du-Rhône, Corbières,...)
- 3 cuillerées à soupe de fructose en poudre
- cannelle, muscade
- poivre, piment doux d'Espagne

- Peler les poires en gardant la queue.
- Les mettre dans une casserole dont la taille sera choisie de manière que les poires occupent au maximum l'espace.
- Ajouter le vin et le fructose.
- Faire cuire 10 minutes à gros bouillons en couvrant aux trois quarts, de manière à éviter que le vin ne déborde.
- Retirer du feu pour tourner les poires. Ajouter 2 ou 3 pincées de cannelle, poivre, muscade et piment doux d'Espagne.
- Remettre au feu dans les mêmes conditions que précédemment pendant 10 minutes.
- Vérifier la cuisson en traversant une poire avec une lame de couteau fin. Réserver les fruits dans un récipient à part.
- Faire réduire le sirop de vin jusqu'à ce qu'il épaississe, en remuant régulièrement pour éviter qu'il ne prenne au fond de la casserole.
- Disposer les poires dans des coupes. Napper avec le sirop.

SOUFFLÉ DE POMMES FLAMBÉ AU CALVADOS

POUR 5 PERSONNES
PRÉPARATION : 30 MINUTES
CUISSON : 55 MINUTES

- 12 POMMES
- 5 JAUNES D'ŒUFS
- 5 CUILLERÉES À SOUPE DE FRUCTOSE
- 20 CL DE CRÈME FLEURETTE
- 1 CUILLERÉE À CAFÉ D'EXTRAIT DE VANILLE
- 5 CL DE CALVADOS

- Peler les pommes, les couper en quatre et retirer le trognon.
- Les répartir dans un plat allant au four légèrement huilé et saupoudrer de 2 cuillerées à soupe de fructose.
- Faire cuire à four chaud (th. 7 – 230 °C) pendant 25 minutes. Réserver.
- Dans un grand bol, battre les jaunes d'œufs avec 2 cuillerées à soupe de fructose jusqu'à ce qu'ils blanchissent.
- Monter la crème fleurette en Chantilly très ferme et rajouter 1 cuillerée à soupe de fructose.
- Mélanger les pommes (après avoir jeté l'eau qu'elles ont rendue), les œufs battus, la Chantilly, l'extrait de vanille.
- Verser dans un plat allant au four et faire cuire à température basse (th. 3 – 120 °C) pendant 35 à 40 minutes.
- Sortir du four et flamber au calvados.
- Servir ainsi ou laisser refroidir et repasser sous le gril (2 à 3 cm) pendant quelques minutes pour faire légèrement gratiner.

SOUPE D'ABRICOTS

POUR 4 PERSONNES
PRÉPARATION : 15 MINUTES
CUISSON : 20 MINUTES

- 20 BEAUX ABRICOTS
- 2 CUILLERÉES À SOUPE DE FRUCTOSE
- 1/2 VERRE DE RHUM
- 8 JAUNES D'ŒUFS
- 1 LITRE DE LAIT
- 3 CUILLERÉES À SOUPE DE FRUCTOSE
- 1 GOUSSE DE VANILLE
- CHOCOLAT EN POUDRE NON SUCRÉ

- Ouvrir les abricots en deux et les dénoyauter.
- Les mettre dans le cuit-vapeur en les rangeant face dénoyautée en l'air. Saupoudrer de fructose et faire cuire pendant 10 minutes. Les laisser égoutter. Flamber avec le rhum et laisser refroidir. Réserver au réfrigérateur.
- Faire bouillir le lait avec la gousse de vanille. Laisser tiédir 10 minutes.
- Battre les jaunes d'œufs en versant doucement le lait tiède dessus. Fouetter rapidement.
- Remettre au feu très doux pour faire épaissir le mélange, laisser refroidir quelques minutes et sucrer avec le fructose au dernier moment.
- Réserver au réfrigérateur pendant plusieurs heures.
- Pour servir, placer 8 à 10 demi-abricots dans des assiettes creuses. Avec une louche, recouvrir de crème anglaise. Saupoudrer légèrement de chocolat en poudre.

TRUFFES AU CHOCOLAT

POUR UNE TRENTAINE DE TRUFFES :
PRÉPARATION : 20 MINUTES
PAS DE CUISSON

- 160 G DE CACAO EN POUDRE NON SUCRÉ
- 75 G DE FRUCTOSE GLACE
- 150 G DE BEURRE
- 2 JAUNES D'ŒUFS
- 80 G DE CRÈME FRAÎCHE LIQUIDE

- Sortir le beurre du réfrigérateur 4 heures à l'avance pour qu'il soit à température ambiante.
- Mettre le beurre dans une jatte et le travailler avec une cuiller en bois jusqu'à obtention d'une pâte lisse.
- Incorporer dans l'ordre les jaunes d'œufs, le fructose et le cacao. Travailler jusqu'à obtention d'une pâte homogène.
- Ajouter la crème fraîche et mélanger jusqu'à ce que la pâte devienne consistante. Si elle est trop molle, on pourra la laisser durcir pendant une heure au réfrigérateur.
- Prélever la pâte avec une petite cuiller et confectionner une boule en la roulant dans du cacao.
- Conserver les truffes au réfrigérateur. Les sortir 10 à 15 minutes avant dégustation.

LISTE DES RECETTES

ENTRÉES

SOUPES

ŒUFS

PLATS PRINCIPAUX

LÉGUMES ET ACCOMPAGNEMENTS

SALADES

BUFFETS ET COCKTAILS

DESSERTS

REMERCIEMENTS

L'éditeur remercie vivement

Gilles AJUELOS, du restaurant La Bastide Odéon, 7 rue Corneille à Paris (6ème) pour sa précieuse collaboration à la réalisation de la photographie de couverture.

CET OUVRAGE A ÉTÉ COMPOSÉ
PAR LES ÉDITIONS FLAMMARION

Achevé d'imprimer en mars 1997
sur presse Cameron
par **Bussière Camedan Imprimeries**
à Saint-Amand-Montrond (Cher)
pour les éditions FLAMMARION

– N° d'édit. : FT097901. - N° d'imp. : 4/238. –
Dépôt légal : mars 1997.

Imprimé en France